HR沟通必修课

THE DEFINITIVE GUIDE TO HR COMMUNICATION

[美] 艾莉森·戴维斯（Alison Davis） 简·香侬（Jane Shannon）——著
舍莉蓉 孟丽——译

中国人民大学出版社
·北京·

前言

如果你的公司在员工薪酬福利政策等方面投入较大，希望以此吸引和留住员工，而员工不了解甚至不珍惜时，你一定非常沮丧。

员工不理解人力资源举措很常见，事实上，大多数员工对有关薪酬福利项目的沟通不满意。例如，英国保诚集团（Purdential）的一项调查显示，只有35%的员工认为针对福利项目的沟通“非常有效”。

员工对薪酬福利项目与政策的理解程度与他们对福利的重视程度和使用程度有直接关系。因此，沟通不畅将导致使用率不高，使用率不高导致员工满意度降低。例如，美国大都会人寿保险公司（MetLife）的一项调查显示，只有44%的员工对他们的福利项目感到满意。

这显然是一个问题。首先，员工不了解相关政策就无法做出明智的决定或采取恰当的措施；其次，他们越不了解薪酬福利政策，就会越不满意。

美国大都会人寿保险公司的调查显示，对薪酬福利项目非常了解的员工中有70%对薪酬福利感到满意，但是对薪酬福利项目不了解的员工中只有7%感到满意。

是什么导致员工的不理解？一个重要的原因是沟通不畅。大部分人力资源管理部门会采用稳步推进的沟通过程，但员工认为这是无效的。事实上，美国大都会人寿保险公司的调查显示，只有33%的员工认为公司的人力资源沟通使他们有效地理解了现有的薪酬福利项目及政策。更令人意外的是，只有36%的雇主认为他们的人力资源沟通真正使员工理解了薪酬福利项目。

"求助！"人力资源经理呼吁

人力资源经理明白，与员工沟通是个巨大的挑战。过去几年我们走访了全美大部分地区，与各地的人力资源经理讨论与员工沟通的问题。他们是这样说的：

- "我们有太多关于员工福利或其他HR服务的信息需要与员工沟通。我们给员工发电子邮件，把资料打印出来放在员工办公桌上、张贴在醒目的位置或发布在内部网上，甚至邮寄到员工的家里。他们却没有时间仔细阅读这些信息！他们遇到问题就只知道打电话过来问。"
- "我面临的最大挑战是与不在本地工作的员工沟通；他们长期不查收邮件或不使用电脑。"
- "令我比较抓狂的是如何把事情简化到使所有员工都能明白。"
- "让根本不去阅读的人了解这些福利项目很难，他们只会抱怨内容太复杂，说'只要告诉我该怎么做就行了'。"
- "我想让更多的员工详细了解他们拥有的福利项目，并且参加每年的项目说明会。我要怎么做呢?"
- "面对理解能力完全不同的员工，我要如何做才能使他们全都理解与福利相关的信息和具体做法?"

- “让员工理解并感兴趣，而不是一听而过，这实在太难了。”
- “我发现员工根本不会去读这些项目介绍。这些对他们来说太专业了。”
- “我发现我在一遍又一遍地回答相同的福利项目问题。哎!”

为什么员工不关注这些信息

从某种程度上说，员工对人力资源项目的困惑让你感到意外：既然员工都很关心与自身利益密切相关的问题，你认为他们一定会很努力地去理解这些信息。例如，美国大都会人寿保险公司的调查显示，员工认为影响他们对企业忠诚度的最重要因素是：

- 薪酬（83%的员工赞同）。
- 健康福利项目（75%）。
- 退休福利（72%）。

事实上，这些因素的重要程度远远超过了职业发展机会（57%）和公司文化（50%）。

过去，无论采用什么样的沟通方式，员工都会关注人力资源相关信息。即使这种沟通可能花费很长时间、相对集中，难以理解（比如“福利项目计划说明会”），员工都会尽最大努力去理解。

但是时代变了，福利、薪酬或退休项目比过去任何时候都复杂得多。现在，员工只是没有时间从众多复杂的信息中获取有效信息，即使这些信息对他们很重要。他们只是快速地删除信息，或者简单归档，留待日后阅读，或者任其淹没在大量信息之中。直到截止日期渐渐逼近，或遇到无法忽视的紧急状况，他们才会去看这些信息。

信息沟通不畅的原因可能有：

- 信息超载。即员工被大量信息淹没。例如，巴塞克斯调研公司（Basex）预测，拥有一般认知能力的员工，一天中有 28%的时间（超过 1/4）用来处理不必要的邮件和即时消息。时间管理软件公司 RescueTime 统计出的结果是：整天坐在电脑前的员工每天查看邮件超过 50 次，处理即时消息达 77 次。

● 信息太复杂。人力资源信息曾经是非常简单的，如一项员工医疗计划、一项退休计划以及一些与工作相关的政策。但是，现在的可选择项目实在太多太复杂。市场资讯公司 J. D. Power and Associates 的调查显示，参与美国医疗计划的员工中有 55%的人并不理解该计划保险范围的具体情况。

● 员工态度消极。在经常裁员的行业，员工对公司的忠诚度远不如以前，他们对公司的任何沟通和信息都没有热情，充满警惕性，甚至抱着怀疑的态度，不信任公司。

● 人力资源部门信誉不佳。在很多公司，员工都有与人力资源部门不愉快的沟通经历。例如，我们的研究对象中经常有人这样认为：

- “HR 浪费我的时间。”
- “HR 总说一些我们听不懂的术语。”
- “HR 根本不关心我；他们只关注高层管理者，只想着如何节约成本。”
- “只是又一次的妥协。”

这到底是怎么回事

HR 沟通内容往往是由相关主题的专家编写或审批的，充满了大量冗长的专业信息，这常常令员工感到困惑。当律师审核后，沟通内容又加入了许多免责声明，员工更加难以理解。

更糟糕的是，大多数沟通内容的语言和语气似乎是为了吸引高层管理者而不是普通员工的注意。员工常常抱怨这些信息令人费解、无关紧要，只是在浪费时间。他们表示不知道要怎么做，也不知道应该向谁咨询。

一种全新的方式

事实上，大可不必如此。我们已经发现了可以令各方面（律师、政府、公司管理层）都满意，同时又吸引员工的沟通方法。在几十年实践经验的基础上，我们总结出了一套沟通方式，这套沟通方式能够激发员工兴趣，说服他们关注项目的价值和具体政策，并且帮助他们采取对公司和自己最有利的措施。

我们的方法很简单：将员工看成 HR 福利项目与服务的客户。我们采用与你们公司向客户出售产品并提供服务时所使用的相同战略与工具。我们搜集一切与员工相关的信息（年龄、服务年限、教育背景、工作团队、工作地点、薪酬等），询问他们希望在哪里、何时、以何种方式和通过谁获得信息。在此基础上，我们确定员工最需要的信息是什么，以及何时最需要。然后我们将这些信息在恰当的时机以易于理解的方式传递给员工，帮他们做出正确的决定。

请看如下例子：

客户是这样写的：	我们修改之后：
为配合公司强化分权，我们将调整工作流程，提供灵活的工具来加强员工的流动性，并增加职业发展机会。这些措施包括确认接受调任的员工、提供更加透明的职业发展机会和流动性选择以及改善临时调任的福利。	促进你的职业发展 通过提供新的工作方法（包括临时调任），我们在帮助公司满足客户需求的同时，促进你的职业发展，我们会： ● 确认你希望调任新工作的时间 ● 清晰、迅速地告诉你可以调任的工作机会 ● 提升调任的福利待遇

无论是以电子还是纸质形式展现，如果你写的通知冷冰冰的(参考上述例子的左列)，就很难被人读懂。如果不采用对话式的语言，不直接与读者对话，就很难让读者理解“这对我有什么用”。另外，有效的 HR 沟通应该使信息便于获得、易于理解，真正提供帮助。

这样员工就知道他们对公司的期待，也知道公司对他们的期待。

当你建立有效的 HR 沟通时，你就可以：

- 帮助员工充分享受公司提供的福利与项目。
- 使员工容易理解并有效利用各项福利项目。
- 回答员工关于公司福利、项目和政策的大多数问题。

本书将如何提供帮助

本书将向你展示如何以不同的方式有效沟通。即使你现在已经做得很好，我们也能帮你做得更好。

首先，我们提供非常实用的技巧，使枯燥的沟通变得具有吸引力，然后针对以下常见情况提供沟通建议。

- 招聘；
- 入职培训；
- 政策；
- 福利；
- 薪酬；
- 绩效管理；
- 退休储蓄；
- 离职。

同时，我们也能够：

- 提供令高层管理者印象深刻的证据，让他们相信需要改变方式来成功吸引员工。
- 提供一种方法，让你每次在制作手册、网页，撰写电子通讯乃至简短的邮件时都可以使用。
- 提供以更便捷的方式进行沟通的具体技巧，包括将沟通内容划分为可理解的小块；提示后面的内容（利用小标题等）；使用各种能使读者快速浏览的工具，例如图表、列表和插图说明等。
- 举例说明好的沟通（并解释原因）和不好的沟通（并提供改进建议）。
- 通过在全书展示我们的策略和技巧，实践我们的观点。

我们也借用真实公司的案例来展示如何进行有效沟通。因此，你将学会如何：

- 更快速、更高效地沟通。
- 帮助员工充分享受公司提供的福利。
- 使员工更容易理解并高效地使用各项福利。
- 回答员工的大部分问题。

正确做好 HR 沟通

如果你认真阅读了本书并按书中的建议去做，对你的公司有什么好处呢？

卓越的 HR 沟通帮助提高员工生产率，进而推动公司利润率提升。这就是阅读本书的充分理由。

目录

第 12 章

政策 / 150

第 13 章

福利 / 165

第 14 章

薪酬 / 182

第 17 章

离职 / 221

第 1 部分
采用全新的方式

第 1 章

了解你的员工

阅读本章，你将学到：

- 为什么了解“员工”很重要？
- 哪些人口统计学特征能显示出员工的特性？
- 如何通过焦点小组访谈和其他定性研究获取有用信息？

在大学的市场营销课程中你学到的首要准则是“了解你的对象”。这是因为吸引人们的注意力并激发他们采取行动的最有效的方式是了解他们是谁以及他们的需求是什么。

这似乎很容易理解，但是许多人力资源管理者忽视了这一环节，并没有在沟通之前深入了解员工。我们往往没有关注沟通对象就开始思考如何沟通。更糟的是，我们假设员工与我们一样，想当然地认为我们喜欢的沟通方式，不同岗位、不同工作地点和不同职责的员工也会接受。

像许多假设一样，这样的想法非常危险，将导致如下失误：

- 使用“胜任力”和“薪资结构”等 HR 专业人士熟悉而员工

根本不理解的术语。

● 告知员工整个项目的发展过程，实际上员工只关心发生了哪些变化以及他们需要做什么。

● 没有理清信息的前后关联性。你知道“薪酬”包含很多方面，例如基本工资、奖金和股票期权，但员工可能并不清楚这些加起来构成了他的“薪酬”。

人们只根据他们的经验来理解事情，因此，你必须了解他们的经历。

——索尔·阿林斯基（Saul D. Alinsky）

如何确保你真正了解你的员工呢？我们建议你从分析员工的人口统计学特征开始，再针对目标群体做定性分析，以挖掘他们的沟通需求与偏好。本章将教你如何去做。

哪些人口统计学特征能体现员工特性

回想我们初入职场时，很少讨论人口统计学特征，很大程度上是因为没有多少数据可以讨论。毕竟当时大多数美国公司的员工大体相似：大多是男性，大多是白种人，大多来自同一地区，有着相似的背景、口音、价值观与抱负。

但是很显然工作环境发生了变化。例如，在美国，进入职场的新生代员工（即出生于 1980—2000 年的千禧一代）的多样性远超前两代人。新生代员工中有 40％是非洲裔、拉美裔或亚洲裔，而前两代人（X 一代和婴儿潮一代）中这些人群加起来只占 25％。

这仅仅是定期统计和分析员工的人口统计学特征的重要原因之一。

人口统计学特征：

指人口特征和人口细分，尤其用于划分不同的消费者市场。西南地区人口统计学特征显示，年长消费群体的规模正在增加。

——米夫林词典

你可以从人口统计学特征中了解到什么

人口统计学特征可以用来区分和描述特定人群的特征，用以确定细分市场。人口统计学特征虽然不是万无一失的预测工具，但作用十分重要。因此，HR专业人士没有掌握员工信息令我们感到意外。他们只知道公司的员工总数，却不清楚以下信息。

关键的员工人口统计学特征：

- 员工的工作地点在哪里？
- 员工的平均工作年限是多长？
- 员工的年龄构成是怎样的？男女比例、种族、教育背景是怎样的？
- 所有员工工资的中位数是多少？不同工作群、不同职位、不同工作地点的工资范围分别是多少？
- 每个工资/职位等级或职位/职能种类有多少员工？
- 你的员工主要使用哪种语言？有多少员工的第二语言是英语？
- 有多少员工拥有被抚养人？平均有几位被抚养人？
- 有多少员工工作时拥有电脑，可以很容易地使用公司内网以及邮箱账号？
- 员工可以在工作时参加与人力资源项目、服务和产品相关的会议吗？这些会议会在工作开始前、工作结束后还是午餐时间进行？若员工参加这些会议，公司需要支付加班费吗？

- 员工中有多少人加入了工会？工作所在地一共有多少个工会？
- 有多少员工同时也是公司的顾客？有多少是公司的股东？

员工的这些人口统计学资料将带给你很有价值的信息，几乎涉及沟通的方方面面，尤其是：

- 与员工沟通什么（内容）、哪些例子可以引起员工的共鸣。
- 如何沟通（例如，通过打印资料、网络或是面对面沟通）。
- 何时以及在哪里沟通。

例如，员工医疗计划的报名情况可以显示有多少员工需要抚养孩子。当你与员工沟通医疗服务项目、人寿保险、储蓄金、休假政策以及弹性工作计划等话题时，这个信息都可以提供帮助。了解有多少员工已经成家也有利于安排合适的沟通时间。例如，在工作开始前或工作结束后开会对有些员工来说可能很困难。

> 人口统计学特征解释了所有事情的 2/3。
>
> ——戴维·富特（David K. Foot）

➡ 从关键事实中学习

以下是一个人口统计学分析促使高效沟通的例子。（此案例基于某公司的真实情况，对部分机密数据进行了修改。）

作为一家全球性医疗公司，福利与薪酬小组要求薪资部门提供一份关于员工的人口统计学报告（公司内部称其为“人数统计报告”）。

以下是薪资部门提供的数据：

全球员工	25 164
美国员工	13 043
豁免美国员工	9 133

豁免非美国员工	7 782
非豁免美国员工	3 910
非豁免非美国员工	4 339
总部员工	322
第一部门	1 550
第二部门	1 716
第三部门	21 576
收入低于 70 000 美元的美国员工	7 229

尽管这份数据不是很全面，但福利与薪酬经理仍可从中获得很多有用信息：

● 将近一半的员工在美国以外的地区工作。这意味着这部分员工中有人将英语作为第二语言（或者根本不讲英语）；因此，沟通应尽可能简单，有些信息应做好翻译。

● 只有很少一部分员工（约 1.3%）在公司总部工作。人力资源沟通往往倾向于吸引这部分内部客户（包括高层管理者）的注意，但这么做意味着大多数员工的需求没能得到满足。

● 既然第三部门员工人数最多，他们应该得到最多的关注。同时也应考虑其余两个部门的沟通需求。

● 考虑薪酬和特定福利的沟通时，关于收入的有趣信息（55%的美国员工收入低于 70 000 美元）可能有用。如果能得到员工工资数据和收入明细会更好。

四项关键人口统计学特征

你准备好详细查看公司员工的人口统计学特征了吗？大多人的

时间和预算有限，不可能考虑到所有细节，但是以下四项特征应重点考虑：地域因素、服务年限、年龄和工资。

地域因素

即便如今网络沟通打破了很多限制，但地域因素仍然十分重要。一个人生活和工作的地点是其身份识别的重要因素。

收集如下关于“地域因素”的人口统计学数据：

● 你们公司的地域范围：在全球或全国的地图上标识出所有地点，并观察公司的分布情况。

● 在总部和其他主要地区工作的员工人数。

● 偏远地区：有多少员工在偏远的小部门工作。

● 现场员工（例如销售代表）、在家办公的员工和客户所在地的员工人数。

服务年限

员工在公司工作的时间长短有着现实和文化两方面的意义。相对稳定的工作团队对公司了解得更多，这可能是有利因素（具有强烈的文化认同），也可能是不利因素（员工执着于过去的做法）。如果员工离职率较高，就需要使员工迅速了解公司的政策、文化等信息，并且不断更新。

收集如下关于“服务年限”的人口统计学数据：

服务年限	员工占比
1年以内	
1～3年	
3～10年	
10～20年	
20年以上	

年龄

“代际群体”往往用来描述“年龄”这一人口统计学特征，它是指在相同的时间段经历了相同事件的一群人。社会学家和市场营销人员使用“婴儿潮一代”和“X 一代”来描述具有相同经历的一代人。

这样做的原因有两个：

1. 我们的态度受到年龄和所处年代的影响，包括我们看的电影、听的音乐和经历的世界大事件。

2. 人们对沟通方式的不同感受依然受年龄的影响。

例如，许多婴儿潮一代仍然清晰地记得肯尼迪总统遇刺时自己身处何地，他们怀念电脑和电子邮件出现之前的工作方式（使用纸质备忘录），许多人仍未能完全接受现在的科技。而 40 岁以下的员工在成长过程中使用了这些科技，许多人能够自如地掌握新的沟通方式。

收集如下关于“年龄”的人口统计学数据：

出生年份	代际群体
1945 年以前	年长者（也称“最伟大的一代”和“沉默的一代”）
1946—1964 年	婴儿潮一代
1965—1980 年	X 一代
1980—2000 年	千禧一代

工资

和地域因素、服务年限、年龄一样，工资也是重要的人口统计学特征，尤其是在沟通与金钱相关的计划时，例如储蓄计划、退休计划或股票认购计划。

你需要举例说明这些计划如何为不同工资水平的员工提供帮助。一个好的做法是先举例说明低于公司最低工资水平的数额，然后说明两倍于最高收入的数额。没有必要强调基层员工和高层员工的收入差距。你只需要说明无论员工工资是多少，他应该如何加入该计划或其他财政计划。

收集如下关于“工资”的人口统计学数据：

- 领取时薪的员工比例。根据公司的政策，你们可能有不同级别的小时工。例如，零售业员工往往只获得最低工资，他们的工资远低于加入工会组织的制造企业中有经验的小时工。
- 豁免员工的比例。
- 从新员工到行政管理者中的非豁免员工。

➡ 一份详细的资料

我们与一家电信公司的人力资源和员工沟通团队合作，分析了该公司不同部门的员工的人口统计学特征。以下是相关信息：

部门	客户部	业务部	网络部
员工人数	3 100	1 500	8 600
地理特征	18个地点 65%员工集中在三个州	23个地点 70%员工集中在三个州	19个地点 47%员工集中在两个州
工作/级别	15%豁免 75%非豁免 10%加入工会 67%直接面客	53%豁免 47%非豁免 72%直接面客	20%豁免 17%非豁免 63%加入工会 61%直接面客
平均年龄	37岁	44岁	49岁
平均服务年限	7年	12年	22年
性别	58%男性 42%女性	36%男性 64%女性	79%男性 21%女性

这份数据比较全面，提供了如下信息：

● 网络部的员工平均年龄较大，在公司服务年限最长，大多加入了工会，大部分为男性。这些人可能更喜欢通过书面材料沟通，而不是电子沟通渠道。

● 业务部则完全不同：大部分为豁免员工，且女性占多数。这些员工每天都会使用电脑，但是由于直接面客，在工作时间很难关注到人力资源沟通。

● 事实上，这三个部门的大部分员工都需要直接面对客户，因此他们花费在人力资源沟通上的时间有限。

● 地理因素十分重要：员工分布在中西部的不同地点，面对面沟通较为困难，如果需要沟通的事件非常重要，投入资金也是必要的。

使用焦点小组访谈法挖掘需求与偏好

正如你所看到的，我们非常喜欢使用人口统计学特征，也十分赞同戴维·富特的观点，即“人口统计学特征解释了所有事情的 2/3”。但是如果想深入了解员工的看法，你需要做更多，需要与他们交谈。这样做的最好方式是采用焦点小组访谈法。

为什么要采用焦点小组访谈法？这是一种自 20 世纪 20 年代以来被市场营销人员、科学家和其他专业人士广泛采用的研究方法，可以帮助你：

● 深入挖掘某个问题。

● 测试一个概念。

● 跟进一个项目，以了解人们对该项目的理解程度。

- 找出针对某项调查员工给出特定答案的原因。

焦点小组访谈法是一种深入挖掘问题的定性调查，促使人们参与对话、表达意见。不同于定量调查（例如问卷调查），定性调查不提供统计学数据。但定性调查仍然被认为是科学、有效的调研工具，能够就人们的感知和信仰产生有价值的见解。

除焦点小组访谈法外，定性调查还包括一对一访谈（访谈话题较为私密或敏感时，或很难将人们聚在一起时采用）和用户测试（观察用户完成某个任务的过程，如访问网站或填写表格的过程）。

当你需要开放性地探讨某个问题时，焦点小组访谈法最为合适，你可以深入追问许多相关问题。如果你需要问“这为什么是正确的”或者“这是什么意思”，焦点小组访谈法是最合适的研究方法。

焦点小组访谈法看似简单，“你需要做的只是把员工聚集在会议室，然后开始谈话”，但是专业人士清楚这一研究方法比看上去复杂得多。这也正是人力资源部门经常寻求专业研究机构或外部调解人员协助的主要原因。

焦点小组访谈法实施指南

我们无法提供实施焦点小组访谈的完整方案，但我们认为以下三个要素可以帮助你设计一场焦点小组访谈：设置目标、创建谈话指南和选择访谈对象。

设置目标

你的首要任务是制定目标，清楚地说明你希望通过焦点小组访谈获得什么结果。设置目标能回答这个问题：通过该项调研，我希望获得什么改变？我能获得什么改变？

设置目标首先要有一个主题，即用一句话来描述你需要完成什么。

主题可以是陈述句（员工似乎只是浏览了绩效管理系统的调整措施，而没有完全参与），也可以是疑问句（针对新的退休项目，员工有何反应）。无论是哪种情况，确定主题有助于明确你进行焦点小组访谈的主要原因。

确定了主题之后，设定不超过三个目标。

➡ 行政人员的薪酬

一个人力资源团队提出的调研主题是："我们怀疑领导层没有理解薪酬体系如何运作。真的是这样吗？如果是，那他们不理解的部分会如何影响他们对薪酬体系的整体看法？"

接着这个团队制定了焦点小组访谈的目标：

- 确定行政人员对薪酬体系的理解程度。
- 评估行政人员对具体环节的感知价值。
- 测试并验证新的计划。

创建谈话指南

设定目标后，你就可以着手创建谈话指南。谈话指南是调查人员在访谈过程中使用的参考文件，类似脚本或概要。

创建谈话指南之前，你需要思考两三项你想了解的主要内容。例如，如果你的调研主题包含了解员工对残疾人保障计划变化的反应，你可以按照如下内容分类：

- 员工对现有计划的理解。

- 员工对变化的反应。
- 员工希望通过何种方式获知改变。

分好大类后，思考每个大类中有助于调查人员与调查对象讨论的主要问题。不要写太多问题。主要目的是使调查人员了解调查的结构，而不是写下想要说的每一句话。

➡ 谈话指南案例

以下是一个了解员工对现行人力资源项目看法的 1 小时焦点小组访谈指南案例。

调研目标：

询问员工对人力资源沟通的需求和偏好，了解员工是如何使用 HR 网站的，收集员工针对近期新福利项目的反应。

访谈提纲：

A. 介绍/管理期望

- 解释进行焦点小组访谈的原因和对调查对象的要求与期望。

B. 人力资源信息需求与偏好

- 最近你是如何获得关于福利项目和其他人力资源项目与政策的信息的？
- 你觉得你被充分告知福利项目的信息了吗？
- 你还想更多了解哪些信息？

C. HR 网站的使用

- 你最近使用过该网站吗？
- 你用来做什么？
- 你找到有用的信息了吗？
- 你希望该网站如何改进？

D. 针对近期人力资源沟通的反应

- 你有没有收到人力资源部门近期关于医疗计划的通知？
- 你对这个通知有何反应？
- 你有何感受？
- 你觉得以后这类通知应该如何改进？

E. 结束

- 致谢/后续措施。

选择访谈对象

大多数焦点小组访谈涉及的访谈对象数量有限。即使是一项针对 10 000 名员工的大型调研，访谈的对象可能也不会超过 100 人。由于样本量较小，选择合适的访谈对象并努力使他们全情参与就至关重要。

选择访谈对象的最佳方案是“有目的地进行抽样调查”，这就需要制定选择标准并选择符合标准的对象。这不同于随机的抽样调查，也不是只选择你所认识的调查对象。

例如，如果你的主题是“员工如何看待现行的福利项目”，你的样本对象应是享受这些福利项目的员工，然后你再决定是否需要进一步将小组细分。当本书作者艾莉森的公司就行政管理人员薪资项目进行焦点小组访谈时，样本对象是所有的行政管理人员，不过按级别分组：初级和中级行政管理人员为一个焦点小组，高级行政管理人员为一个焦点小组。

在使用人口统计学数据的基础上，通过回答以下问题来思考谁应该成为你的访谈对象：

- 员工的人口构成是怎样的？哪些是主要人群？你需要将员工

进行分类（管理层/非管理层、高级别/低级别、新员工/老员工等）吗？

● 员工主要分布在哪些地区？样本对象是否应该体现不同地区的差异？例如，你的公司是否有大型或小型的分支机构，在美国境内或其他国家是否有办公地点，是否有仓库或零售设施？

● 公司的管理层更希望哪些人员成为焦点小组访谈对象？这个问题的答案可以帮你将目标对象缩小到重要的员工群体。

首先定好标准，然后找到符合标准的员工。

检查清单

为确保了解你的员工，需要做以下事项：

● 沟通前，先考虑谁是你的目标员工。

● 收集目标员工的地域性人口统计学数据。

● 参考“服务年限”数据来决定获取信息的深度。

● 理解“代际群体”的不同思考方式、行为模式和信息获取偏好。

● 使用工资数据进行沟通，尤其是针对薪酬、存款、退休基金、股票和其他财务类项目的沟通。

● 使用焦点小组访谈法或其他定性研究方法来了解员工的态度、经历和偏好等。

● 进行焦点小组访谈前，先明确调研目标，再确定能实现这些目标的调研结构。

第 2 章

像对待客户一样对待员工

阅读本章，你将学到：

- “像对待客户一样对待员工”的含义与重要性。
- 利用人口统计学信息和调研通过以客户为导向的方式与员工进行沟通的四种方式。

如果阅读本书之后你只能做一项改变，请这么做：像对待客户一样对待你的员工。从这个小变化开始，你将获得更大、更积极的改变。

原因如下：你的公司面对着很多重要的群体，从政府相关机构到工会、股东、客户、邻居和出版社等，而员工是这些群体中最独特的。

当员工完成了一项工作，比如研发出新产品、创建品牌、卖出产品等，他们也为公司创造了与其他重要群体之间的积极关联。

仔细想想，你就会发现像对待客户一样对待员工有多么重要。毕竟他们才是人力资源福利、服务和项目等的客户。

如何让员工意识到为公司工作的价值

当简（Jane）刚刚加入花旗银行负责人力资源部门的沟通工作时，她的老板说：“我们希望你可以利用你在广告公关与市场营销方面的专业经验，使员工意识到为公司工作的价值。”这一观点最早于20世纪70年代末提出，但直到今天对于许多企业来说都是创新性的。

这个观点当然奏效。不论你是采用电子或书面的沟通方式，还是面对面沟通，像对待重要的客户一样对待员工会改变一切。它能改变你的沟通方式、沟通内容和沟通结果。本章我们将向你展示如何像对待人力资源产品与服务的客户一样对待员工，因为员工正是你的客户。

看一看你的公司发放给客户的市场宣传资料或发送给股东的财务报告信息，将这些与发给员工的人力资源沟通信息进行对比。它们是否同样信息全面、语气恰当、清晰明了？如果不是，你觉得员工会如何看待这种差异？

市场营销从了解你的客户开始

第1章我们强调了分析员工的人口统计学特征和使用焦点小组访谈法来确定员工经验、偏好与需求的重要性。现在我们将向你展示如何在这些信息的基础上设计沟通方案，以满足员工需求，实现预期目标。

像对待客户一样对待员工的四种方式

如果你想像对待客户一样对待员工，以下四个步骤可以帮助你实现有效的人力资源沟通：

1. 创建目标“客户”画像。
2. 评估现阶段员工的理解程度。
3. 根据员工偏好选择沟通方式。
4. 使员工容易做出正确的选择。

创建目标“客户”画像

我们可能拥有“极客”的某些特征，所以很喜欢使用统计数据。但是大多数人力资源专业人士对数字不太敏感，更喜欢关注“人”。因此，我们常常从创建员工画像着手。

在市场营销领域，客户画像可以简单地理解为“对某种特定产品或服务的买家的特征进行的精准描述”。我们可以用 Answers 网站上对客户画像给出的定义来解释说明。

对某一顾客群体或某一类客户的描述建立在不同的人口统计学特征、心理学特征和地域性特征的基础上，也称为“购买者画像”。例如，杂志广告的销售人员会向广告商提供客户画像，描述什么样的读者会选择他们的杂志。这些描述可能包括读者的收入、职业、受教育程度、年龄、性别、爱好或者居住地等。客户画像为广告商提供了选择最佳媒体所需的信息。

为什么客户画像如此重要？产品研发人员与销售人员认为，客户画像不再是枯燥的数据，而是鲜活的客户形象。当你可以在脑海中想象出你所服务的对象，熟知他们的期望、偏好，甚至是“怪癖”时，你就能更好地满足他们的需求。

我们发现人力资源工作也是如此。员工画像帮助我们从抽象地空想转向将他们看成鲜活的人。

描绘画像十分有用，而且不需要很长时间。我们的做法很简单：我们要求客户列出员工的人口统计学数据，在计划会议上进行讨论，将最有用的数据投在屏幕上或张贴在白板上。

➡ 一家金融公司的员工

我们为一家金融公司组织沟通计划会议，客户提供了如下人口统计学信息（数据经过细微改动）：

品牌	1	2	3	4
职位	非豁免	豁免且为新经理	有经验的中级经理，总监	副总裁及以上
性别	多为女性	多为男性	多为女性	多为男性
地点	奥兰多 罗切斯特 爱丁堡	罗利 渥太华	芝加哥 绍姆堡	芝加哥
服务年限	5 年以上	5 年以上	5 年以上	5 年以上
业务区域/职能	中端市场制造部门	中端市场制造部门	财务、总部和职能部门	财务或职能部门

通过这些数据，我们发现各组有许多相似之处，比如服务年限，但也存在一些显著差异，例如，员工工作地点按级别有所不同，工作职能也按级别区分。

为了对客户的人口统计学信息进行补充，我们提供了一组人物半身像。例如，一位身穿西服的 45 岁男士的照片，一位正在开卡车的 30 岁左右女士的照片，一位做 IT 技术支持的 20 多岁男士的照片。

根据这些信息，我们通力合作，确定三至四项关键人口统计学划分因素来计划后期的沟通。

接着我们将目标群体划分为不同组，然后分工，每人负责一个组，描绘出该组的典型员工画像，选择一张相似的照片，并张贴在白板上。

➡ 画像

前面提到的金融公司案例中，我们的计划团队使用了公司提供的人口统计学特征，结合焦点小组的反馈，描绘出4幅员工画像。

第一幅画像：戴安娜（级别1）

最关心的事项

- 与职业发展相比，戴安娜更倾向于达到工作-生活平衡。
- 她以工作为豪，但是担心工作的稳定性。

在公司工作

- 她不确定是否希望自己升职，但很确定希望工资能够增长。
- 如果有其他公司提供薪酬更高的相同职位，她会考虑辞职。
- 她对公司的印象很大程度上取决于她的上级经理。

对人力资源政策和项目的了解

- 因为家人会用到健康福利项目，因此她对福利项目比较了解，但对薪酬政策知之甚少。
- 她参与绩效管理工作，但以上级经理的指示为准。

沟通渠道偏好

- 她更喜欢通过与经理面谈来获取信息。
- 她也喜欢通过收到的邮寄资料来获得信息。
- 如有需要，她会去内部网站上查找资料。

那么描绘出员工画像之后，你会怎么做呢？我们了解到有人会把这些画像张贴在办公室，让员工看到。还有人会在员工信息说明会上向员工和管理层展示员工画像、人口统计学特征、敬业度调查分数和其他的员工信息。也有人会在目标设置后的计划沟通阶段考虑员工画像，以制定沟通策略。无论采用什么方法，只要让员工的形象鲜活起来，并在此基础上策划你的沟通即可。

评估现阶段员工的理解程度

有位睿智的客户曾说过："永远不要低估员工的智商，也不要高估他们了解的信息。"我们一直谨记这一建议，尤其在面对人力资源沟通问题时。你可能是医疗服务、绩效目标、可变薪酬或短期病假方面的专家，但即使是最聪明的员工，可能也只了解这些项目的皮毛。

例如，我们通过焦点小组访谈来了解一家消费品公司的领导者对行政人员薪酬项目的理解程度。结果如何？参与该项目的领导者承认他们并不是特别了解：

- "我在这家公司工作五年了，我每天都在努力了解公司的薪酬结构、各部分比重和对我的影响。我认为这太复杂了。"
- "我很难搞懂年薪是如何构成的，这太复杂了。"
- "我的薪酬表格包含宏命令和各种公式，超级复杂，让人难以置信。"

这个案例告诉我们，即使是智商很高的员工（这些行政人员是这家公司精英中的精英），在面对至关重要的薪酬问题时，对人力资源政策和项目的理解也有很大误区。

因此，我们鼓励你进行焦点小组访谈来评估员工的理解程度。

只有这样做，才能够有效地设计沟通，向员工解释他们需要了解和要做的事情。

根据员工偏好选择沟通方式

你公司的市场营销部门花了大量时间和金钱来找出客户偏好的读、看、听等沟通渠道，也测试了各种方法来确定哪些词语和图片能让客户产生共鸣。只有当这些分析全部结束后，市场营销部门才会创建客户能够接受并乐于参与的沟通计划。

现在你知道该怎么做了吗？当你策划人力资源沟通时，完全可以采取相同的方式。

你可能会这么做：

- 在开始沟通前，先进行焦点小组访谈或其他定性调研。
- 沟通计划下发后，向员工寻求反馈（参见第 9 章“衡量沟通的有效性”）。

在创建沟通计划与策略前，通过收集员工反馈，你会了解到如下信息：

- 员工喜欢该福利项目中的哪些方面，不喜欢哪些方面。
- 员工通常会有哪些问题或者由于人口统计学特征不同可能会有哪些问题。
- 了解程度：员工知道哪些信息，不知道哪些信息，或针对某项福利或项目有哪些“事实与推测”。
- 沟通偏好：员工希望以何种方式获知福利或其他人力资源项目的变化。
- 利用率：揭示什么时候哪些人为何享受了福利项目，并且回答“人口统计学特征不同，这些项目的利用率是否也不同”。

➡ 你想改变的一件事是什么?

如果你要在一项调查或一次焦点小组访谈中加入一个开放性问题，我们建议你这样描述：“针对我们的人力资源政策、项目和问题的沟通，如果你可以改变其中的一件事，那会是什么?”我们发现员工在回答这个问题时能给出具体的建议，一些建议可以直接用于改善沟通。

例如，我们为一家国际工业公司进行员工沟通调查，将这个问题作为最后一个。600名员工写下了答案，我们分析这些答案时发现了一些关键趋势：

回答的人数	想法	典型语句
55	更加透明	“去掉隐藏的日程安排。直接说明白。”
42	使信息更有针对性	“信息太多，很难区分哪些对我有用。”
39	优化时间表	“当变化涉及我时，预留更多准备时间。”
37	使沟通流程化	“提供一份关键信息概要和员工需要更多信息时可以查找的链接。”

根据这些结果，我们做的第一个改变是帮助客户将信息描述得更清晰、更有针对性、更实用。我们将在第4章“构建你的信息”和第5章“简明书写”中说明如何做到。

使员工容易做出正确的选择

大多数公司竭尽所能地使客户方便地使用其产品。它们以便利的方式进行产品包装，使产品说明书简单易懂，并且通过网站或电话服务中心来解答客户的疑问。在人力资源方面，我们同样需要这样的想法、逻辑和说明来帮助员工做出正确的选择，或者说，做正确的事，例如在截止日期前加入某个福利项目。

当你需要员工采取行动时，一定要使他们容易做到。想想他们需要在什么时间和地点做出反应，他们可能需要什么样的提示。提示他们“及时”打电话、登录网站或通过书写来获得他们应得的福利。

➡ 保护你的薪酬

简是这样看待因病离岗管理项目的。该项目的主旨是：如果员工因为生病或住院而离岗5天及以上，她需要致电福利服务专员来获得批准。如果没有获得批准，员工薪酬将被停发。

许多人会将因病离岗管理项目的沟通政策和计划描述如下：“如果你因病或住院离岗，而不致电请假，你的薪酬将被停发。”（你会使用惩罚的语言与你的客户谈话吗？我们认为不会。那么与员工这样谈话也是不恰当的。）

为了“使员工容易做出正确的选择”，我们将沟通计划的重点放在向员工家里邮寄一枚冰箱贴，上面写着：“保护好你的薪酬。如果你因病或住院离岗5天及以上，请拨打这个号码，这样你的薪酬将继续发放。”如果员工需要更多信息，他们可以从与冰箱贴一并邮寄的手册中查找。我相信大多数员工一定会将冰箱贴贴在冰箱上，方便需要时查看。

在整个沟通过程中，“因病离岗管理项目”这个术语从未被提及。告诉员工这个术语并不能带来任何积极影响，就像你不会向客户推出类似名称的项目一样，这也许就是人力资源管理的语言艺术。

当你开始在人力资源和沟通方面采用“使员工容易做出正确的选择”这一方法时，一定要打破思维定式。有时候最好的解决方法可能是先修改计划，然后用良好的沟通跟进这个计划。

例如，如果你的目标是增加公司储蓄计划的参与人数（甚至是达到100%的参与率）。一种做法是在员工入职当天自动将其纳入计划，但员工在六个月后可选择退出。在接下来的六个月内，如果你能向员工说明这项计划是如何简单易行，以及短期和长期内分别可以获得多少收益，也许员工六个月后就不会退出计划。这样你就使员工产生了惯性（毕竟什么都不做就是最简单的做法），而这正是“正确的做法”。

检查清单

为确保像对待客户一样对待员工，需要做以下事项：

● 创建员工画像，描述各类群体的典型员工。

● 使用照片使员工形象更加具体。

● 记住这个忠告：“永远不要低估员工的智商，也不要高估他们了解的信息。”

● 采用焦点小组访谈法来评估员工对主要政策、项目和问题的理解程度。

● 当进行调查或焦点小组访谈时，提出这个问题：“针对我们的沟通，你最想改变的是哪一点？”

● 给予员工在面对重要项目或政策时做正确的事所需的信息和工具。

第 3 章

计划与管理沟通

阅读本章，你将学到：

- 问对问题，有效开启你的沟通。
- 为你的人力资源沟通设置清晰的目标。
- 组织并管理沟通项目。
- 合理预算。

当你决定旅行时，你会仅仅因为大路朝西就跳上车、踩下油门、冲向高速、向西而行吗?

你应该不会（除非你只有 20 岁，想来场跨国公路旅行找回自我）。大多数人会在明确了目的地之后才出发。我们知道要去哪里，通常会规划旅行路线（多亏有谷歌地图），或者在 GPS 中输入我们要去的地点。我们很忙，通常会选择最短的路线。

为什么要用旅行做比喻呢？因为这是个很好的例子，可以用来说明大多数人在沟通时容易犯的错误：我们常常还没有计划就开始行动。你有多少次听到同事说“我们应该沟通一下这个项目，我会发邮件给你”或者“人们需要了解这项政策，我会做一个PPT”？

如果你在瞄准目标之前就扣动扳机，你的沟通必然无效。或者，你需要承担使用错误工具做错事的风险：沟通可能开始得太早、结束得太快，或者没有为员工提供可以帮助他们做出正确选择的信息。回到我们之前的比喻，这就是在白白浪费汽油。

本章我们将向你展示计划人力资源沟通的有效方式。一旦你制定好目标和计划，那么抵达目的地的每一步都会非常明确。

从问对问题开始每一项沟通

当有人说（或你认为）“我们需要立刻开始沟通”时，你应该停下来，深呼吸，然后问自己两个问题：

- 为什么需要沟通这个信息？
- 需要员工知道什么、相信什么和做些什么？

这些问题能够帮助你明确首要沟通目的，并将最终目的设置为三个具体的、可衡量的目标。我们将向你展示如何设置目的和目标。同时，只要进展顺利，你需要通过不断提问来获得你需要了解的信息。以下有几个例子：

- 员工什么时候需要这些信息来采取行动？
- 这些项目是否支持更宏大的公司目标？
- 我们如何知道沟通是否成功？
- 我们可能会面临哪些困难？如何应对？

有时人们常常先入为主：“这可能是一个愚蠢的问题，但是……”结果却总是“这是一个好问题”。商业活动中最好的问题有时正是最基本的问题，却经常被人们忽略。人们的假设往往误导了沟通。

将问题的答案作为沟通的目的和目标

你需要花些时间来思考你希望完成什么和如何得知你已成功完成以下任务：

- 你的最主要目的。
- 你的目标（大多数情况下最多三个）。
- 你如何衡量目标的完成情况。

通过提出问题来确立目的和目标，会帮你设立现实的、合理的、可完成的目标。

例如，如果一位同事希望“员工接受公司今年不发奖金的事实”，这个目标就很难实现。这不太现实，因为员工很难接受无法获得他们期待已久的奖金。

假如你将上述目标改为“帮助员工理解今年不能发放奖金的原因，并分享明年改变现状的三项举措”，你更有可能实现。这个目标比较切合实际，而且可以衡量。比如，你可以在沟通之后发起一项在线随机调查。

确认你设置的目标是否清晰的方法之一就是确定如何衡量目标是否实现。如果你不能确定如何衡量目标是否实现，那么要重新表述你的目标，直到你能确定衡量目标实现的方法。

目的和目标的区别是什么

很多字典对“目的”和“目标”的解释相似：

目的：对你希望完成的事情的广义表述。可以是理想的或长期的目标。

目标：通常指事件的结束或目的的实现。

以下是从项目管理角度对二者的解析：

目的	目标
一段时间内我们想做的	我们希望尽快实现的
行动的意图	想要完成的
长期的	短期的
不容易衡量	可衡量

提问有助于明确个人目标

当你开始一个沟通项目时，问问你自己（或你的客户）是否有些个人想法希望实现。例如，你是否希望借此机会完成个人发展目标？你是否希望拥有特殊经历？什么会促使你成为项目的最大赢家？花些时间来思考你想要实现的个人目的或获得的经验。你的个人目的可以是“与市场发展部的同事建立良好的关系”或者“学会如何更好地展示”，也可以是“提高在公司总部的知名度”。

创新领导力中心（The Center for Creative Leadership）是一家指导领导者提高效率的教育机构。该机构调查发现，帮助人们成功的大多数信息来自工作经验，而不是通过参加研讨会或培训课程获得的。因此，在帮助公司或人力资源部门实现工作目标的同时，确认你自己或客户的个人目标也十分重要。

➡ 是电子邮件还是视频？或者另一个亟待解决的问题的方案？

一位同事曾激动地说：“关于我刚刚主持的会议，我们需要制作一个视频。我想立刻开始制作！”我们交谈了十分钟，我提了一些问题，发现制作视频并不是个好主意。

我同事的目标是什么？是让员工知晓并理解会议的主旨。制作视频可能有效，但很可能只是单调的展示。就算是一些互动环节（例如团队建设活动）也容易使人们断章取义。而且，观看视频的人可能会说："哦，看啊，玛奇。所有重要人物都去度假胜地开会了，就算我无足轻重未被邀请，我也看到了他们讨论时的热闹视频。"

讨论过目标后，我们建议换一种方式：写一封电子邮件，加上内部网址的链接。我们建议他向与会人员发送一封邮件，列出他们可以与员工或其他部门同事分享的要点（如行动步骤等）。

如果你希望与会人员真正领会会议内容并带回各自部门，在筹备会议时就应将其列为沟通目标之一。这样，你就可以使与会人员明确开会目的，帮助他们采取恰当的行动并分享会议内容。

有效管理人力资源沟通项目

详细指导人们"如何有效管理沟通项目"的书籍数不胜数。有些情况下，读一两本书可能就有所收获。在这里我们分享一些更快、更简单的方法来帮助你更好地完成工作。

以下是人力资源沟通的简单项目计划，仅需四步：

1. 调查。

2. 计划。

3. 实施。

4. 衡量。

如果你有一个小时或一个星期，可以尝试合理规划时间。例如，假设你的老板或客户需要在一小时内向所有员工发送关于公司 401（k）福利计划新资金的电子邮件。再假设电子邮件是最好也是唯一的沟通方法，能使员工明白他们应该抓住机会立即投资。那么前半小时你应该询问并进行在线调查，了解这笔新资金的用途、谁应该投资以及为什么要投资等。

这些信息将有助于你的计划，即在考虑员工人口统计学特征的基础上帮你决定如何与员工沟通、列举何种案例。如果你花费了 20 分钟进行调查和计划，接下来只需花费 25 分钟撰写邮件。要尽可能保持内容简洁。要将邮件主题和小标题加粗，便于接收者快速浏览并找到有用的信息。最后，请一位同事阅读你的邮件，看他是否理解你想要传递给邮件接收者的信息。如果不理解，做一些调整使你的意图更加明显。然后，把邮件发送给你的老板或客户。

以下将详细说明你可以采取的具体做法。

调查

- 获得员工的人口统计学特征、地域因素、心理因素等信息。
- 明确过去哪些沟通方式（媒介和信息）更适合这些员工，或者当前哪种沟通方式更适合这些员工。
- 列出沟通中你需要强调的困难和误解。
- 如适用，找出竞争对手在相同情形下的做法。
- 找出管理层关注的竞争公司在相同情形下的做法。

如果有董事会，看看董事会成员的公司在相同情形下的做法。花一小时上网查询，你将获得更多有用信息。例如，政府或行业的统计数据能帮助你获得背景信息。调查可能会花费几周或几天，也可能只需几小时或几分钟。不论花费多长时间，一定要进行调查和收集事实。如果调查做得不够充分，再完美的计划和实施也难以弥补其不足。

计划

- 在调查的基础上确定沟通媒介、信息或过程。针对目标群体和关键利益相关者（为了使计划顺利进行，需要协调的其他部门）进行小范围测试。
- 根据测试结果调整计划。

这是邀请你的同事来帮助你更好地完成工作的机会（让他们参与项目的推进）。我们有位同事睿智地说："分享你的工作，可以使其他人分享成功。"我们完全同意这个说法。

实施

在这一步，你完成沟通的所有步骤，包括书写、拍摄、设计资料、打印等，展示、包装和传递你需要沟通的信息。（后续章节将进一步说明更多细节。）

衡量

在第9章"衡量沟通的有效性"中，我们将详细说明如何衡量沟通的有效性。请牢记：

- 进行书面或在线调查。
- 与你的管理层和同事分享衡量成功时的收获。

需要多久？

针对沟通项目，最常见的问题之一可能就是"你最快多久能完成这个沟通项目？”

如果有足够的预算，你可以通过加班的方式迅速完成繁杂的任务。但如果预算有限，往往需要三个星期到三个月的时间。这取决于是什么话题、任务的复杂性如何、需要多少股东同意等。我们最喜欢的图形设计师之一曾讽刺道：“如果你希望快速、低成本、高质量地完成任务，你只能满足这三项中的两项。”我们同意这个观点。花费时间来做调查和通过焦点小组进行沟通测试所获得的价值无法衡量。你永远不会后悔在高效沟通上花费了时间。

创建获奖级沟通及沟通计划

当简在休斯敦为沟通经理组织两天的会议时，她邀请了当地的一位沟通专家奥托·格莱德（Otto Glade）来讲座。奥托·格莱德多次获得全球知名的商务沟通者专业组织国际商务沟通者协会（International Association of Business Communicators，IABC）颁发的鹅毛笔杰出奖（Gold Quill）。简邀请他分享成功沟通的秘诀。

奥托的方法其实非常简单直接：他使用国际商务沟通者协会鹅毛笔奖申请表来为每次沟通做计划。这张表格帮助他关注成功完成任务所需的信息。这个方法同样适合你。

如果你也按照这个结构来描述沟通计划，通常会得到两页或三页的项目概述。这是一个很好的方式，可以向你的同事、管理层或者客户公司推荐。

鹅毛笔奖申请表涵盖的要点如下：

● 必要性/机会：这个沟通项目有什么必要设立？清晰地描述公司目前面临的问题，列出这些问题对公司业绩、声誉、形象、收益和参与度的影响。重点说明针对此沟通项目必要性的正式或非正式调研结果。

● 目标受众：确认你的主要目标受众和其他受众。这些受众的心理状态如何？提出解决措施时应考虑目标受众的哪些特征？不仅包括人口统计学特征，也包括心理特征。描述你计划进行的目标受众调研。

● 目的和目标：目的是指沟通项目最终要完成的事项。选择一到两个项目目的进行详细描述。这些目的应该与公司的未来需求一致。目标应该切合实际，并可以衡量，例如用数量、质量、时间、成本、百分比或其他标准等进行衡量。这些衡量方式通常与财务有关，但也并不绝对。

● 解决对策概述：概述项目提出的解决对策及其背后的逻辑。解释你计划采取这些措施的原因。解决对策应展示你的思考过程、想象和解决问题的具体方法。说明你将如何使各利益相关者共同参与完善解决对策。要强调重点。展示你计划使用的策略和沟通工具。明确在整个项目过程中你的角色、参与程度与责任。

● 实施与挑战：陈述你的项目预算。说明你将如何高效地利用资金。讨论时间节点。描述你在沟通和实践想法时可能会遇到的限制与挑战。记录任何特殊情况，并讨论如何处理。

● 结果的衡量与评估：你将如何衡量项目的结果？每一项结果都应与一项或多项目标相关联。最终展示的结果应该是有价值的、全面的、令人信服的。衡量措施应显示结果，而不仅仅是产出。例如，如果你开展媒体关系促进活动是为了支持新产品的推出，那么你应该衡量销售目标的下限或销售机会的成功率，而不是做了多少广告。如果你面临的挑战是提高员工对某一问题的理解程度，那么沟通计划实施后你需要衡量的是员工对这一问题认知的提高程度。

简洁描述你的沟通项目

用最少的词语描述沟通项目的最佳方式是确认以下几个要素，并将这些要素概述为一句话。

- 谁
- 什么时候做
- 为什么要做
- 做什么
- 在哪里做
- 如何做

以下是几个项目案例：

话题	项目一	项目二	项目三
谁（主语）	财务专家	所有公司经理	健康与安全官员
做什么（动词）	向所有员工提供建议	与员工一起工作确认并实施新措施	鼓励工人遵守新安全规范
什么时候做	全年	每个财政季度	本月
在哪里做	总部	全国范围内	所有工厂
为什么要做	削减开支	增加利润	减少事故
如何做	通过研讨会、网站和操作工具包	通过电子邮件、网站、打印资料、会议工具包	通过海报、寄到家的邮件、会议和100美元个人目标达成奖励

新闻记者也使用这个技巧来编辑新闻的主题句，只需说明谁，什么时候，在哪里，为什么，做了什么事情以及是如何做的（有些情况下最后两点最难以确认，尤其是犯罪事件）。

以下是上述三个案例的一句话概述：

项目一：为了帮助公司总部削减开支，今年财务专家会通过研讨会讨论、网站分享和提供操作工具包等方式向所有员工提供建议。

项目二：为了增加利润，新的季度信息（包括会议工具包、电子邮件、网站和打印资料等）将提供给全公司管理层，以帮助他们与下属确认并实施达成目标的措施。

项目三：你试着自己归纳。

合理编制预算

简曾经听到一位人力资源总监自豪地说："既然内部网络已经上线，我们不再需要为员工制作纸质版手册或内部通讯。我们可以节约这笔费用，不再破坏树木。"

➡ 关于破坏树木的真相

如今纸业公司像种植其他农作物一样种植树木（但从没有人哭喊着不要破坏玉米！）。像种植玉米一样，人们种植、收获、使用、再种植树木。环保纸再生也发展成一种行业，尽管成本相对较高。请将这一信息分享给你遇到的认为使用印刷品就是破坏树木的人。

我们来思考一下关于消除印刷品的观点。如今有类似于"有了电子邮件，就不再需要给客户发放纸质宣传册"的说法。然而现实并不是这样。以我们的经验来看，有时打印的资料才是员工最需要的。因此，我们建议你不要局限于电子的沟通方式。在第 7 章"选择正确的沟通工具"中，我们将讨论如何使用合适的工具完成工作，你会发现打印的资料仍然十分重要。

现在回到预算问题。以下是制定人力资源沟通项目预算要考虑的内容。

- 单位成本：向员工说明某项福利时，提出"平均每位员工的成本”的概念，针对所有人力资源福利和服务确定沟通项目的单位成本。公司员工人数越多，单位成本越低。将沟通项目的单位成本与向每位员工提供福利的实际成本进行对比。显然沟通项目的单位成本只占员工福利成本的很小一部分。

● 占工资总额的比例：先确定公司员工的工资总额，按工资总额的百分比来确定沟通预算。通常沟通预算不会超过工资总额的 10%。

无论你提出的沟通成本是多少，你都可以确定其占工资总额的百分比，确保员工理解、使用和重视人力资源产品和服务。

● 占福利费用的比例：如果公司一项福利项目的成本是每年 200 000 美元，那么只花费 20 000 美元或者说福利成本的 10%，来确保员工理解、使用并重视该项目是不是很超值？你可以按照这个逻辑来制定某个福利项目或所有福利项目的沟通预算。

你也可以对比公司的广告和营销费用来确定人力资源沟通预算占该费用的比例。对于一些法律要求的沟通项目，你可以按照公司年度法务预算的占比来确定沟通预算。

你还可以根据公司所处的行业和对所需人才的吸引力，参考竞争对手的人力资源沟通预算。这样做可能不如之前提到的方法有用，但可以作为支持数据来帮助你向管理层申请预算。

原则上我们建议你在申请预算时以公司管理层熟知的某项费用作为依据，同时考虑公司的规模大小、竞争状态和收益。

预算不足时怎么办

如果你是为一家非营利组织工作，或你的公司执行严格的财政紧缩政策，那么前面谈到的一些方法可能对你有用。但你可能发现很难申请到足够的预算来确保达到你希望的沟通效果，从而提升人力资源福利和服务的有效性。

以下是预算不足时的一些建议：

- 制作人力资源沟通材料时，邀请员工参与拍摄或制图。
- 请当地的平面设计教师将你的沟通需求以作业的形式布置给学生。
- 请求其他公司将其人力资源沟通团队使用的资料提供给你的人力资源沟通团队。

检查清单

为有效计划并管理沟通，需要做以下事项：

- 每一项人力资源沟通项目开始前，先确定你希望员工知道、理解的内容和希望员工采取的行动。
- 确定你的沟通目的并提出一至三个目标；明确应如何衡量每一个目标。
- 明确你希望通过该项目达到的个人目的（例如你想获得什么经验）。
- 创建一个简单的项目计划来帮助你组织和管理沟通项目。
- 投入必要的时间进行事前调查，复杂的沟通项目可通过焦点小组访谈获得反馈。
- 规划合理的预算来显示沟通信息和目标的重要性。
- 通过描述“谁、做什么、什么时候做、在哪里做、为什么要做和如何做”来概述你的项目。

第 4 章
构建你的信息

阅读本章，你将学到：

- 如何“构建”你的信息，以满足员工需求和帮助员工理解的方式组织沟通？
- 为什么与员工沟通的方式不同于与管理层的沟通？
- 如何使用“好莱坞”式技巧提炼你的信息要点？
- 如何按照老式电报将内容结构化？
- 如何使用数学公式 1—3—9—27 组织沟通？

你刚刚向管理层汇报了你的新项目。你的 PPT 可能非常详细：用 44 页解释项目的必要性、设计和具体内容。你的辛苦得到了回报，会议非常顺利，管理层批准了这个项目，要求你去完成。

现在该与员工进行沟通了。你首先要做的是：关掉 PPT，拿出一张白纸。为什么要这样做？因为你向管理层“兜售”信息的方式完全不同于与员工沟通。

为什么呢？在第 2 章“像对待客户一样对待员工”中，你已经发现首先要考虑员工的人口统计学特征：员工与管理层看待问题的角度不同。这就要求你重新规划需要沟通的信息以满足员工的需求。

高层管理者与员工在沟通需求上的不同

	高层管理者	员工
沟通信息最重要的部分	内容：该项目如何帮助公司取得成功	个人影响："这对我来说有什么影响"和"我需要做出什么改变"
详细程度	高：所有项目细节均需全面解释	低：尽快切入要点
偏好的沟通方式	演示及讨论	因群体而异：书面、口头或可视化
工具	图表、分析	要点、列表
所需时间	几小时	几分钟

所以你要如何进行沟通呢？基本要求是：基于你在第 3 章"计划与管理沟通"中设计的沟通目标进行。在此基础上，在白纸上写出这个问题的答案：员工需要知道的最重要的信息是什么？将答案控制在 15 个单词以内。

祝贺你！你已经构建了你要沟通的信息：你写出了需要沟通的内容的核心本质。你同时创造了信息沟通平台的基础，这将帮助你组织针对新项目的沟通。

这听上去不错，但是如果对你来说这是一项新任务，你可能需要一些帮助。我们向你介绍构建信息的简单三步：

- 使用"好莱坞"式技巧创建"高概念"。
- 使用倒金字塔结构组织信息。
- 利用 1—3—9—27 模式构建内容。

使用“好莱坞”式技巧创建“高概念”

我们知道你在想：好莱坞与人力资源沟通有什么联系呢？也许你已经发现，我们认为借用各个领域的技巧可以使沟通更有效。

好莱坞电影工作室将产品概念分解成几个词，吸引全球观众。电影宣传者意识到当人们走过电影宣传海报或不断切换电视频道时，他们只有几秒钟的时间来捕捉观众的注意力。所以电影人找到了一种单一、简单的陈述方式来呈现影片的本质。

用电影语言来表述这种陈述方式，就是“高概念”，也就是说，为了吸引（制片人或观众），你需要用 12～15 个单词高度概括时长达两小时的电影。一旦获得认可，“高概念”将被运用在所有电影宣传中，包括广告、海报、宣传、电子邮件和网站。

向上！

“高概念”的另一个表述是“电梯交谈”。你与一位同事进入电梯，同事询问：“我听说假期政策要改变，这是怎么回事？”你的挑战是在电梯到达前回答完这个问题。

顺便提一句，快速阐述信息的最新表述是“扶梯交谈”。因为你可能只有 20 秒，或者仅有说完 140 个字的时间（在社交平台推特上发短消息的标准长度或在领英、脸书网站上更新状态的字数）。

奥斯卡奖得主是……

基于“高概念”的表述，请说出以下奥斯卡获奖影片的名称：[①]

---

① 答案：a.《贫民窟的百万富翁》；b.《雨人》；c.《泰坦尼克号》；d.《音乐之声》。

a. 一位青少年只差一个问题就能获得印度“谁想成为百万富翁”（Who Wants to Be a Millionaire）大奖。他作弊了吗？

b. 一个自私的人为了获得遗产，绑架了患有自闭症的天才弟弟，带着他行驶在跨国公路上。

c. 富家女与穷小子在“不可能沉没”的邮轮上相遇的悲惨命运。

d. 20世纪30年代的奥地利，一位女士离开修道院到一位海军上校家里做家庭教师，这位上校妻子去世了，有七个孩子。

我们喜欢“高概念”的原因是：你可以用这个技巧来沟通任何事情，例如，创新之举、福利项目的变化或公司战略。关键是要从复杂的信息中提炼出员工容易理解的本质。

➡ 长期残疾福利的“高概念”化

希拉（Sheila）是一家制药企业的薪酬福利总监，她遇到了一个挑战：参与公司长期残疾福利项目的员工人数较少。希拉了解到1/5的美国工人由于事故或疾病缺勤的时间达数月之久。她也知道公司很多员工没有足够的积蓄来度过无薪的漫长时间。她应该如何说服更多的员工加入公司福利项目呢？

首先，希拉与保险公司商谈，修改了公司的长期残疾福利计划，使其更具吸引力。项目的调整得到公司高层批准后，希拉采纳了我们的建议，没有使用向高层汇报用的演示文档，而是拿出了一张白纸。

她的任务是：写出一个有12～15个单词的“高概念”来表述新的长期残疾福利项目的益处。经过修改后，希拉写下：

长期残疾福利项目以更少的钱保障更多的利益。（Long-Term

Disability Plan gives you more coverage for less money.)

还不错。但我们建议希拉试着加入长期残疾福利项目的重要性。

当你不能工作时，保证你的收入；长期残疾福利项目以更少的钱保障更多的利益。(Protect your income if you can't work; new Long-Term Disability Plan offers more coverage for less money.)

你看出来了，关键是简洁地表达你的要点。需要花些心思来保证你的表述既简洁明了，又包含必要信息。你练习使用“高概念”越多，就会越自信。

“高概念”工作表

你需要练习使用“高概念”技巧。第一个案例我们已经完成，请你完成其他案例。

你需要沟通的问题	高概念描述（15 个单词以内）
除了公司支付的保额相当于员工年工资的人寿保险以外，公司又提供了一项自愿加入的团体人寿保险。该项目可以使员工以团体价购买额外的人寿保险，比员工个人购买要便宜很多。	通过公司的团体人寿保险项目，你能以较低价格购买额外保险（Through the company group life insurance plan, you can buy additional coverage at cheaper rates）。
为了节约成本，明年公司的牙科保险将从卫士人寿保险公司（Guardian）变更为美国大都会人寿保险公司的 PPO 计划。美国大都会人寿保险公司拥有更多的合作牙医。员工保费将有小幅度增加（低于 3%）。起付线由 25 美元增加到 50 美元。全年最高保额将从 2 000 美元增加到2 500 美元（有利于员工）。正畸保额不变。	

续表

你需要沟通的问题	高概念描述（15 个单词以内）
学费报销流程将发生变化。过去员工需要填写表格来申请课程费用，获得上级主管批准后再报送 HR。现在员工需要登录 HR 系统在线提交申请表，主管也需在线审批。学费报销额度保持不变。	

使用倒金字塔结构组织信息

现在你已提炼出核心信息，接下来要做什么呢？我们建议你想想过去的沟通方式——电报——以获得灵感来组织内容。

早在 19 世纪，报社记者使用电报将爆炸性新闻发送给主编。问题是，电报的通信线路经常因狂风或袭击事件等发生故障。

因此，有些记者把最重要的新闻放在开头，按重要性递减的顺序依次组织电报内容。这样即使电报由于故障而中断，报社仍然可以获得最新资讯。

报社主编开始鼓励所有记者，无论是否使用电报都按照这样的方法编辑内容。“把新闻写成 15 英寸长的版本。”一位主编这样要求记者。新闻需要排版，如果主编在编辑时发现没有足够的版面，就可以很容易地从结尾处往前删掉多余的部分。

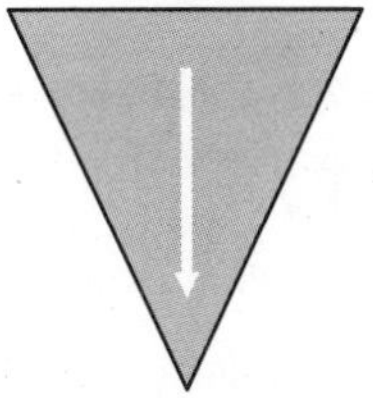

图表 4-1　倒金字塔

这种组织信息的方法被称为“倒金字塔结构”。最上面的部分包含最关键的信息，下面部分包含细节与可选择信息（见图表 4-1）。

简在新闻学院上学时，学习了另一种帮

助撰写文章第一段的金字塔结构：5W1H。她了解到新闻的第一段是读者最有可能浏览的内容，所以要确保其中包含以下要素来传递最重要的信息。

- 谁：　　　　　　沟通的主体
- 什么：　　　　　事件：会发生什么事，需要发生什么事
- 什么时间：　　　事件发生的日期
- 什么地点：　　　事件发生地
- 什么原因：　　　事件背后的原因
- 如何：　　　　　事件的进展和发生方式

在当今快节奏、信息爆炸的时代，你可能会惊奇地发现过去的倒金字塔结构仍然是大部分信息沟通的最佳方式。员工太忙，没有时间坐下来阅读全部内容，他们希望快速浏览与自身密切相关的部分。因此倒金字塔结构提供了一种速度快、易于接受的沟通方式来获取信息。

请记住，你撰写“高概念”的原则同样适用于倒金字塔结构：先说明对员工最重要的信息，再添加其他内容和细节。

“我做错了吗？”

艾莉森在伊利诺伊州迪尔卡布一次区域人力资源会议上分享了沟通的最佳实践，然后她请大家提问。最前排的一位女士举起了手。

“我是一家医院的人力资源经理，”她先介绍了自己，“您说创建信息的最有效方式是把最重要、最相关的部分放在前面。”

“是的。”艾莉森回答。

“在我初入职场时，我学到的是按时间发展顺序来叙述一件事。

所以当我发邮件给员工告知福利项目的变化时，我会先写作出改变的原因和我们研究了哪些备选方案，然后才写会有什么变化。”她停顿了一下，“我做错了吗?”

艾莉森有些犹豫。她不想让这位人力资源经理难堪，但是她必须说出事实。

“很抱歉，但是，你的确错了。”艾莉森说，“员工首先需要了解会发生哪些变化以及这些变化对他们有什么影响。他们可能最终也需要了解背景信息，但请把这些信息往后放一放。”

➡ 长期残疾福利的倒金字塔结构

还记得希拉和她的长期残疾福利项目吗? 希拉草拟了高概念之后，又写了一封关于项目的邮件。她先说明最重要的问题，然后依次组织内容，将细节放在了最后。她是这样写的：

当你不能工作时，保证你的收入；长期残疾福利项目以更少的钱保障更多的利益。

公开报名时请注册加入

如果你因为受伤或生病长时间不能工作，你和你的家人会怎样? 大多数人没有足够的积蓄，长期缺勤（26 周以上）常常会使他们陷入经济困境。但是加入公司的长期残疾福利项目（Long-Term Disability，LTD），你就能保护自己。今年加入更合适，因为项目已经修改，花费更少，保障更多。

如果你由于非工作原因受伤或生病，伤残保险会支付你一部分工资。（由于工作原因受伤已在薪酬中考虑。）你不能工作的前 26 周，公司的基本短期残疾福利计划会保障你的权益。26 周后，你就需要长期残疾福利保险，保障期限为整个伤残期，或到 65 周岁。

今年的公开报名是加入 LTD 的最佳时机。公司已经调整了该项目，表现在：

● 费用降低：公司经过商谈后，取得了更低的价格，明年的长期残疾保险费用几乎是去年的 50%。

● 享受一次健康证明豁免权：今年加入，无须进行健康体检。（以后想加入，必须进行健康体检。）

● 现有加入者升级为全额承保：如果你已经加入了 LTD 计划，但最高保额仅为 5 000 美元（因为你没有提交健康体检证明或被拒绝更高保额），你的权益将自动升级为最高等级。

想了解更多信息，请登录 HR 网站或者致电 HR 服务中心×××-×××-×××。

利用 1－3－9－27 模式构建内容

上学时你最喜欢的学科可能不是数学，但谈到构建复杂内容，一个简单的数学模型就很有帮助，即 1－3－9－27 模式。这虽不是乘法等式，但可以帮助你组织沟通。

1－3－9－27 模式是这样的：

1 个高概念			
3 个关键信息			
9 个支持点	支持点 支持点 支持点	支持点 支持点 支持点	支持点 支持点 支持点

27个细节	细节 细节 细节 细节 细节 细节 细节 细节 细节	细节 细节 细节 细节 细节 细节 细节 细节 细节	细节 细节 细节 细节 细节 细节 细节 细节 细节

这与整理衣柜类似。当你的衣物按类别（鞋、包、衣服）分好类，就更容易整理、查看并在需要时找到。尤其是在处理包含更多细节的事情时，比如健康和退休计划，1—3—9—27模式能发挥作用，帮助员工更好地理解你所沟通的信息。

此外，1—3—9—27模式是以本章讨论的内容为基础的：你首先总结出“高概念”，写出关键信息（这与创建倒金字塔结构一致），然后补充细节。

由于沟通的话题不同，你可能并不是每次都使用1—3—9—27模式，但需要时你可以拿来就用。

➡ 填空

希拉发现这个表格对组织长期残疾福利项目变更的细节很有帮助。你可能发现她在组织内容时有些地方不同于她写的倒金字塔结构的邮件。这是因为这次她尝试组织所有相关信息，而不仅是强调新项目的优势。

尽管希拉认为1—3—9—27表格非常有用，但她发现并不需要把每一个空格都填满，因为她的计划没有那么多细节。（但是她认为 1—3—9—27 模式在公开报名时可能有用。）

1 个高概念	长期残疾福利项目以更少的钱保障更多的利益。		
3 个关键信息	费用更低：员工个人承担部分比去年少 50%。	保障范围更广。	其他员工需要了解的其他变化。
9 个支持点	1 月 1 日起费用将降低。 员工每月花费将按工资比例计算。 例如：克里斯，33 岁，年薪 50 000 美元，目前每月需支付 19.75 美元，明年每月仅需支付 9.49 美元，可节省 10.26 美元。	享受一次健康证明豁免权：今年你无须做健康体检即可加入 LTD 计划。 已生病的员工也可以加入。 已加入员工升级为全额承保。	12 月 31 日之后发生伤残事故的，残疾福利不能从退休金项目中领取。 1 月 1 日开始，不再为符合医疗保险范围的伤残员工支付 B 类医疗保险的保险费。
27 个细节	有资格的员工年满 65 周岁开始领取补充退休金。		

检查清单

为有效构建你的信息，需要做以下事项：

● 从确定目标开始：你需要员工相信和做些什么？这是你进行信息沟通的基础。

● 收起你向高层管理者汇报用的 PPT，拿出一张白纸。要记住，管理层关心的问题不一定是员工想要了解的。

- 学习“好莱坞”式技巧，创造“高概念”，即捕捉你想要传递的关键信息的一句陈述（15 个单词以内）。
- 使用倒金字塔结构的新闻报道框架来组织内容。将最重要的信息放在最前面，再按照重要性递减的顺序依次组织内容，直到细节。
- 尝试利用 1—3—9—27 模式组织所有细节，这种方法尤其适用于较为复杂的沟通。

第 5 章

简明书写

阅读本章，你将学到：

- 采用杂志、报纸和广告吸引读者的方式。
- 将信息划分为便于记忆、易于阅读的小块。
- 按照所有人都理解的方式撰写。
- 使用故事、典型案例和具体语言。
- 再次检查你撰写的内容，确保万无一失。

你正在机场候机，却听到了广播里播放的坏消息：你的航班将延误两个小时。为了打发时间，你走向了报刊亭，浏览杂志。好消息是：这些杂志不仅具有娱乐性，还可以启发你简洁清晰地编辑人力资源沟通信息。借助这一技巧，杂志编辑吸引你阅读他们的杂志，广告商鼓励你购买他们的产品，报纸向你传递信息，这些都与人力资源沟通如出一辙。

这是因为有效写作遵循一个普遍的原则。员工在工作中对沟通的反应与在生活中一样。他们不会说“这不好理解，但没关系，毕竟是公司的要求”，也不会说“公司视频里这些不停说话的人真烦，但我还是看了”，就像他们在家不会看无聊的电影。他们不会去阅读网上很长的、杂乱的、复杂的文章，在工作中也不会。

做得好就能加分

如果你写的对话式的语言简短、便于阅读，大家都能理解，他们会愿意去读。我们将用五个简单的步骤向你说明如何做到这一点。

1. 向员工传递与他们最密切相关的信息。
2. 强调“如何做”。
3. 通过“切片、切条再切块”将内容划分成小块。
4. 使用平实的语言。
5. 具体。

向员工传递与他们最密切相关的信息

在第 4 章“构建你的信息”中，我们介绍了如何使用“高概念”来总结关键信息，以及如何使用倒金字塔结构来组织内容。我们也分享了记者常用来传递重要信息的一个工具，即 5W1H。我们认为 5W1H 对于成功写作也很有帮助，这里再向你展示：

- 谁：　　　　沟通的主体
- 什么：　　　事件：会发生什么事，需要发生什么事
- 什么时间：　事件发生的日期
- 什么地点：　事件发生地
- 什么原因：　事件背后的原因
- 如何：　　　事件的进展和发生方式

关键在于，当你捕捉5W1H时，要关注员工。从员工的角度提出并回答这些问题：

- 这对我来说意味着什么？
- 这为什么很重要？
- 我需要做什么？
- 我何时需要做？

将最重要的信息放在沟通的最前面，然后在整个沟通过程中不断强调，可以采用图片、副标题、对话框、故事和图表等形式。

➡ 一些好的W（和H）

有时5W1H非常有用，整个沟通都可以围绕5W1H进行。以下是一个典型案例。一家生物科技公司需要员工了解工资变化。公司计划在一个财政年度根据绩效管理周期来调整薪资。为了说明这一变化，公司总结了一页纸的内容，要点如下：

公司变更薪资周期；加薪日程将受影响

什么将改变？

- 薪资周期：薪资调整的时间和方式。今年开始，加薪由7月1日改为9月1日生效。

什么不变？

- 绩效管理日程安排仍然是7月1日到7月30日。
- 绩效管理系统不变。

为什么要改变？

- 提升效率。整个公司的工资系统将进行整合，因此需要统一薪资周期。
- 建立一个更好的绩效/薪资系统。这一变化使我们未来更容易在整个公司推行新的计划，例如使用在线绩效和薪资管理工具。

你会受到哪些影响?

今年:

- 你的加薪将在 9 月 1 日生效，你将在 9 月的薪资中看到薪资涨幅。
- 你在 9 月会收到 7 月、8 月补发的加薪，今年薪资周期调整后将不会出现这种情况。
- 生效日期从 7 月更改为 9 月将影响每一位经理进行薪资预算。

明年:

- 你的加薪将在 9 月 1 日生效。

你需要做什么?

- 了解薪资周期的变化。访问 HR 网站以获得更多信息。
- 如有任何疑问，请致电×××-×××-××××。

强调“如何做”

还记得前面那个因为航班延误而在机场报刊亭挑选杂志的例子吗？如果你在浏览消费者杂志，例如《好管家》(*Good House-keeping*)、《男士健康》(*Men's Health*)、《美好家园》(*Better Homes and Gardens*)、《好胃口》(*Bon Appetit*) 和《17 岁》(*Seventeen*) 等，你可能注意到杂志封面的标题（以简短的标题来推销杂志内容）。下面是你可能看到的一些标题:

- “重量级减肥者”如何减掉 140 磅
- 消除美丽错误
- 6 周衣服减小一码

- 30 分钟准备一桌完美晚餐
- CEO 不想让你知道的 7 个成功秘诀
- 深度睡眠｜醒来精力充沛
- 如何爱上疯狂的工作
- 你最好的春季花园

这些封面标题有什么共同点？它们都承诺帮助读者解决一个问题，改善他们做事的方式，从根本上来说就是使他们更快乐。杂志编辑使用这些标题是因为他们知道“你”和“如何”是最引人注目的字眼，即使没有写明。（“深度睡眠”是“你将如何进入深度睡眠”的简写，我们明白“你”和“如何”被省略了。）

这一方法的官方名称是“服务式新闻报道”，由密苏里大学新闻学院荣誉退休教授唐·兰利（Don Ranly）提出。我们经常引用兰利博士的话语是因为他在如何表达信息方面有很多很好的建议。“服务式新闻报道”的意思是你（作者）通过编辑有用的“如何做”的信息服务于读者。也就是说，如果你编辑的信息对读者有用，那么读者很有可能采纳你的信息并采取行动。

（兰利博士也把这种技巧称为“冰箱式新闻报道”，因为人们会把有用的文章剪下来或打印出来，贴在每天可以看到的地方，如冰箱门上。）

简言之，广告商和杂志编辑熟知的秘诀就是人们渴望得到将事情变得更简单、更快速和更好的信息。如果你按照这种思路来撰写信息，就能吸引员工注意。

像广告商那样写“利益式”标题

广告商非常清楚最成功的标题是他们所称的“利益式”标题，该标题会告诉你他们的产品为你提供哪些利益，例如让你拥有柔软的肌肤或洁白的牙齿。（聪明的广告商不会强调产品的“特征”，例如分量或成分列表，因为这些吸引不了顾客。）

尽管人力资源项目不会令员工的肌肤柔软，但大多数人力资源“产品”为员工提供切实的利益。所以你的标题也应该聚焦于这些利益，而不是罗列特征。

例如，退休计划的特征可能是为员工提供八种不同的投资基金。而退休计划的益处可能是公司按员工个人相同的比例缴存。哪一个更能吸引员工？你认为以下两个标题中的哪一个会吸引大多数员工？

- “我们的退休计划为你提供八种不同的投资选择。”
- “如何使你的薪资变为积蓄”或“如何使你的积蓄翻倍。”

告诉读者“如何做”

幸运的是，人力资源信息本身就是“服务式新闻报道”，因为它影响到员工本人，并且通常包含“如何做”的内容。

以下是几个遵循兰利博士的建议创建的服务式标题的例子。（这些例子比平淡的标题如“你的医疗计划”更能引起员工的兴趣。）

- 金钱（副标题：如何赚更多，为明天存更多）
- 如何做出可靠的投资决策
- 如何确定你需要的人寿保险额度
- 5 种不离开工作台提升你工作效率的方式
- 弹性工作如何让你和你的员工双赢
- 只需 3 步即可选择你的最佳医疗保额

使用奇数确保最高保有额

一位商业报道经验丰富的著名记者曾向我们透露：奇数比偶数更令人难忘。这就是你在本书中发现“3 种方式做……”“5 件需要记住的事”“7种解决问题的方法”的原因。

通过“切片、切条再切块”将内容划分成小块

我们并不是要给你上厨艺课，或向你兜售电视购物产品（“它能切片！它能切块！它能帮你洗衣物!”）。我们要向你展示如何将你的内容划分为可管理的小块，方便员工快速理解。

你已知的坏消息是：人们从不阅读!

有人想要详细沟通复杂的信息时，提醒他注意以下事实：

- 大多数人只阅读标题和第一段。
- 如果内容中含有难以理解的词语，人们很可能会停止阅读。
- 大多数员工阅读内部通讯的时间少于一分钟。
- 普通读者平均每分钟读200个单词。
- 网络阅读者阅读速度慢25%，79%的时间用于浏览，只阅读其中20%～28%的词。只有16%的人会逐字阅读。

我们需要将信息划分为“小块”，因为当今时代人们已习惯于粗略翻看出版物、浏览网页以便快速找到需要的内容。相较于长篇大论、没有视觉间隔的信息，我们更乐于阅读较短的信息块。

因此，沟通者需要找到方法将沟通内容划分为小块，以便沟通对象接受并记住这些信息。

例如，你会发现在本书中我们大量使用要点符号。这是因为要点符号能帮助你：

- 显示便于浏览的词语列表。
- 给予读者一系列指示。
- 将复杂的长句划分为不相连的部分。

上面就是一个用要点符号将长句划分为几个以动词开头的短句的例子。还有一个隐含的益处：要点符号要求各句采用一致的结

构，这形成一个看上去美好而轻松的节奏。我们偏向于使用动词来开始每一个要点，因为动词意味着行动。

当然，要点符号不是将信息划分为小块的唯一方式。你也可以尝试以下方法：

划分方法	何时使用
检查清单	项目列表的另一种形式，将期待的行动列入待办事项
数字序号	显示有特定数量的要点与行动步骤需要关注
边注栏	补充内容或提供更深入的信息
对话框	一则短消息，例如引言或单一事实
表格	组织复杂信息的最佳方式（这部分内容我们原本想用要点符号来展示，后来意识到表格更便于组织与阅读。）

➡ 创建检查清单指导员工完成整个流程

一家大型公司的福利经理是我们的客户，她在公开报名阶段有很多事情需要沟通。我们帮她创建了一个报名清单，用到了几种划分小块的工具，概述如下：

公开报名检查清单

1. 检查并比较每一个福利计划选项。

- 检查你自己的报名工作表，查看你可以选择哪些医疗保健项目。
- 阅读一览表，熟悉每一个选项的特点。

2. 使用在线健康计划决策工具

- 医疗计划对比工具。
- 支出账户工具。

3. 在线报名或电话报名

- 登录［网址］报名，或致电人力资源服务中心×××-×××-××××。

- 请确保在 11 月 15 日之前报名。

4. 检查你的确认声明

- 确保你的福利选项和部门信息正确。
- 如信息有误，请致电人力资源服务中心。

砍去已死的树枝

另一个将复杂信息划分为有意义小块的方法是“砍去已死的树枝”。当你看到无意义的词或短语时，替换或删掉它。假设每个词花费你一美元，你会突然发现你的修改方式不同以往。例如，将你看到的每一个“假如发生这种情况”替换为更简洁的“如果”。

原则就是：如果你从不会大声对其他人说出这个词，就不要把它用在书面材料中。

采用 LATCH 模式来书写

需要帮助你学会如何创建项目列表、检查清单或者表格吗？我们从《信息焦虑》（*Information Anxiety*）一书的作者理查德·索尔·沃尔曼（Richard Saul Wurman）那里获得了灵感。《信息焦虑》指出，有且只有五种方式来组织信息。它们可以简称为 LATCH，代表的含义如下。

- 地点（location）：这用来描述某一事件与其他方面相关的位置。例如，新员工参加入职培训时，需要知晓餐厅和休息室在哪里，知道如何找到不同部门或办公室。
- 字母顺序（alphabet）：这不是整理杂货店的好方法，却适用于整理调味品货架。从 A 到 Z 的顺序排列适用于很多场合。
- 时间（time）：时间线是呈现历史信息或投射未来的一个很好的方式。尤其适合总结不同福利开始的时间，或显示员工在公司工作期间和退休之后可获得的福利。

● 类别（category）：很多商店将同类商品摆放在一起。这个原则也适用于撰写人力资源项目、政策或福利计划。例如，关于休假时间的沟通可能涉及人力资源部门分管的多个项目，但这对员工没有太大影响。员工只想知道哪些情况下可以休假，休多久。

● 层级（hierarchy）：可以从下往上，也可以从上往下，例如，从小到大或从最贵到最便宜；可以单独组织，也可以与其他方法结合。

使用平实的语言

大多数长期在人力资源部门工作的人都容易受到“知识的诅咒”现象的影响。奇普·希思（Chip Health）和丹·希思（Dan Health）在《让创意更有黏性》（*Made to Stick*）一书中这样描述：“一旦我们知道某种东西，就会发现很难想象我们不知道什么。我们的知识‘诅咒’了我们。”结果往往是我们写的内容太专业，非专业人士很难理解。

幸运的是，你可以通过几种方式打破这个诅咒。首先，停止使用其他人不懂、只有你和同行才觉得有趣的专业术语。其次，你可以放弃任何难以理解的词语。例如以下词语：

放弃使用	尝试使用
利用	使用、采用、运用、练习
才干	技能、才能、能力
贯彻	做、运用、付诸实践
整合	混合、结合、合并
使能够/使便利	允许、实现、帮助、援助、协助
输入	参与、增进、参加、分享
革新的	新的、原创的、新鲜的、新颖的、有创意的

你可能会抗议说你必须使用人力资源专业用语，因为只有这样才能准确描述特定情况或符合法律的要求。如果是这样，你就不能要求普通员工理解这些专业用语。你需要给出释义，如能提供速查词语表则更好。

➡ 在边注框内解释词义

为了撰写公开报名信息，我们列出了词语表，尽管这些词不算陌生，但仍然可能令员工费解。举例如下：

- 共担额：看病或开处方时你需要支付的定额。
- 自付额：每个自然年在报销前你需要支付的金额。
- 自付最高金额：每个自然年，你或者被保险人必须支付的有效医疗费用的上限。一旦超过上限，保险支付本年剩余可报销额度的 100%。
- 预认证：在接受特定医疗服务前，你或者你的医疗服务提供者必须通知保险公司。

简洁语言测试

如何知道你的措辞是否足够简洁？测试可读性。普通美国人的阅读水平在 9 级，所以一些公司使用 9 级作为参照（一些出版物如《读者文摘》(*Render's Digest*）亦如此)。

我们欣赏的一位人力资源沟通专家最近说服了其公司高层管理者，所有面向员工的沟通都以 7 级作为标准，而这恰好是大多数市场营销资料（包括其公司制作的广告）的可读性级别。她的研究显示 7 级最易被员工理解。正如她所说，“我们不是在降低难度水平，而是使每个人都能理解信息”。

要使用微软 Word 软件来检查文章的可读性，先打开“选项”菜单，找到“拼写和语法”选项，勾选“显示可读性统计信息”。现在当你草拟或编写 Word 文档时，点击“工具”菜单，选择“拼写和语法”，对你的文档进行拼写和语法的检查（总是一种好办法）。最后，会弹出“弗莱士易读度级别分数”的小窗口。如果显示在 12 级或以上水平，你的文本很可能过于复杂。

如何保证简短简洁

以下是一些要点：

- 将句子控制在 14 个单词以内。
- 将段落控制在 3～4 个。
- 将打印或网上的文章字数控制在 300 个单词以内。
- 标题采用 3～7 个单词。

具体

以下是一份糟糕的工作描述的首句，我们认为它不仅不能吸引应聘者，反而使应聘者更加困惑：

> 我们在寻找一位业务/市场专家，要求其具有战略及创新思维，能自然地将复杂的技术理念转化为以商业结果为导向，与组织、业务及行业产生共鸣的故事。

这句话看上去一本正经，其实没有传递有效信息。它充满了专业术语，却没有回答基本问题：这个职位的人具体要做什么？（顺便提一句，这只是这份糟糕的工作描述的开始，你将在第 10 章“招聘”中看到完整的内容。）

面对这类糟糕的沟通时（你经常会遇到），最好的做法是提问。问题的答案能帮你将模糊不清的信息变得具体。

为上述职位写一份有效的工作描述，你需要了解这个职位的汇报对象是谁，下属有几个人，主要工作成果是什么，何时需要提交，与哪些人合作，不同的工作内容各需要花费多长时间，等等。

收集具体、明确的案例和故事，描述该职位的大多数时间花在哪些工作上，说明需要什么特殊技能与专长。这样你的工作描述才能吸引优秀的应聘者。

给我讲个故事

使沟通变得具体的最佳方式之一就是讲述个人经历。照片比语言描述更形象具体。如果我能够找到一个人，他的个人经历能使我的生活变得简单，让我更有效率，在工作中更开心，这就比你能想到的所有抽象语言更具体、更切实。

我们都对个人经历感兴趣，是因为它能使我们意识到“有人跟我一样”或“有人让我崇拜”。

在一些人力资源沟通中，你可以让员工讲述他们真实的故事，这会让你的沟通更具说服力。员工可能不愿谈论一些话题，你可以隐去其真实姓名或细节。

➡ 一则短故事

一位福利总监想要“将人寿保险融入生活”，让员工感受到其价值。她知道不能使用员工的真实经历，所以描述了一个虚构的人物（根据真实情况改编），来说明人寿保险的必要性和花费的合理性。

布兰达今年 45 岁，年薪 40 000 美元。她是一位单亲妈妈，有两个孩子，她担心一旦自己的健康出了问题，会影响整个家庭的财务状况。为了打消这个顾虑，布兰达购买了“自愿集体万能人寿保险”

(Voluntary Group Universal Life)，以年收入的2.5倍，即100 000美元的金额投保。布兰达所处年龄阶段的保费为每投保1 000美元支付0.126美元，所以每月她只需支付12.6美元。

检查清单

为确保书写简明，你需要掌握7C原则。当你写完之后（或检查别人的写作时），询问自己是否达到以下要求：

- 清晰：易于理解吗？
- 简洁：尽可能简短吗？
- 广泛：包含所有必要的话题了吗？
- 完整：包含所有必要的细节了吗？
- 准确：信息准确吗？
- 可信：合乎情理吗？
- 对话式：听上去像是真人在说话吗？

第 6 章

利用视觉效果

阅读本章，你将学到：

- 利用视觉效果强化沟通，即使你不是艺术家。
- 使用文本处理来消除单一的格式。
- 使用图表组织信息。
- 使用图片讲述故事。
- 使用图标作为信息快捷方式。
- 画信息图，以视觉方式展示复杂内容。

正如我们在第 5 章“简明书写”中所解释的，清晰的描述无疑是有效沟通的关键因素。另一个因素也很重要，却常被忽略。你可能已经猜到了，这个因素就是视觉效果。

我们对人类大脑的工作原理越了解，就越会发现视觉效果的重要性。例如，一半大脑负责处理（直接或间接）视觉信息。我们处理图形的速度比文字快 60 000 倍。字母与单词也是以图形的方式处理：我们将字母 A 与苹果、字母 B 与皮球等联系在一起来学习字母。当我们读字母 b—a—l—l 时，并没有将它们分开来看，而是将整个单词作为图像，我们直观地将这个单词与大脑中弹起的球的图片联系在一起。

营销人员与媒体使用视觉效果来销售产品，并向日益多元化的世界传递信息。当今世界信息已经超载，他们十分清楚利用视觉效果可以快速找到突破，吸引人们的注意力并影响人们的思维。

视觉效果具有说服力

密歇根大学管理学院的一项调查显示，使用视觉效果的展示者在说服观众采取行动上的有效性比不使用视觉效果的展示者高 43%。

视觉效果可能越来越重要。从广告到娱乐，从高速路标到零售商店货品展示，视觉效果都是最重要的。加利福尼亚州立大学富勒顿分校教授保罗·马丁·莱斯特（Paul Martin Lester）写道："图像……充满了我们的报纸、杂志、书籍、衣物、广告牌、电脑显示器、电视屏幕，这是大众传播史上前所未有的。"结果，"我们变成了视觉媒介化社会。对于大多数人来说，不是通过阅读文字来理解世界，而是通过阅读图像来理解世界"。

使用视觉效果帮助员工理解

这对你来说意味着什么？非常简单，视觉效果应该成为你的关键沟通战略之一。即使你不会画图，不认为自己是视觉敏感的人，没有预算聘请图形设计师，你也可以使用基本的视觉效果工具来使你的沟通更有效。

视觉效果可以解释说明

《餐巾纸的背面》（*The Back of the Napkin*）一书的作者丹·罗姆（Dan Roam）极力提倡使用视觉效果，即使是最简单的视觉效果。他指出："视觉化思维意味着用我们与生俱来的能力去看——用眼也用脑——去发现不易觉察的信息，将这些信息迅速、直观地展示出来，并以简单易懂的方式与他人分享。"

爬上视觉效果之树

使用视觉效果加强沟通的第一步是理解"视觉效果之树"，这一概念由艾莉森的同事戴维·皮特（David Pitre）提出，用来图解我们可以使用的视觉辅助工具（见图表 6-1）。

我们从树的底部开始观察，在使用视觉效果之前，我们使用的是词语。但随着工作的深入，我们发现有越来越复杂的视觉效果可以选择，直到树的顶端，即动态影像，例如视频和动画。

我们将向你展示如何使用视觉效果之树的五个分支，即文本处理、简单图形、摄影作品、图标和信息图，使你的沟通更具吸引力。我们会提示你如何使用现有的工具如微软办公软件 Word 和数码相机来实现这些功能。我们将举例说明如何应用视觉效果来应对常见的人力资源沟通挑战：在公开报名阶段向员工提供信息。

学习更多

在使用视觉效果方面，你完全是新手？以下两种方式可以让你学到更多。

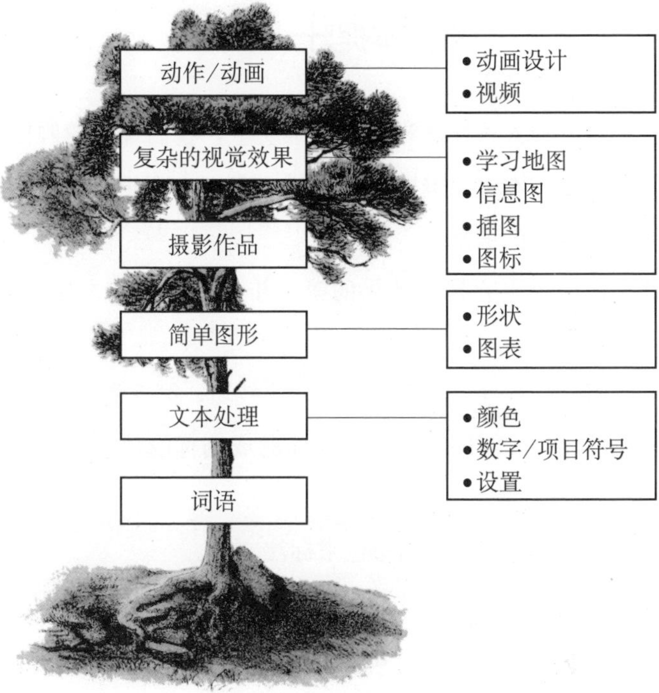

图表 6-1　视觉效果之树

● 观察。约吉·贝拉（Yogi Berra）曾说过："你可以只通过看观察到许多。"访问你最喜欢的购物网站，看设计师如何使用颜色、图片甚至是留白使商品看上去更吸引人。翻看消费者杂志，关注文本格式的处理。逛超市时，注意商品的包装设计是如何吸引你的。

● 探索。网络上还有很多关于视觉效果的免费信息，包括About.com 网站学习部分的设计基础，一个关于颜色的网址（www.colormatters.com），YouTube 网站上也有关于图形设计历史的视频。

将文本提升一个级别

我们像其他人一样喜欢文字，事实上，我们理想的假期生活就是在沙滩上读一本书。但即使是这样，我们也不想从灰色的文本海洋中搜寻所需要的信息。

让你的内容更有视觉效果的第一步是进行“文本处理”，改变仅有文字的情况：

- 使用要点符号、数字和其他分块技巧，第 5 章有相关说明。
- 通过加粗或使用斜体，将主标题或副标题放大，增加文本的吸引力。
- 打破黑白界限，使用彩色来标注文本。

在图表 6-2 中，关于医疗计划变更的沟通采用了第 4 章中的信息构建技巧和第 5 章中的写作技巧来使文章易读，将小标题加粗来提升文档的整体视觉效果，使其易于浏览。

当心排版陷阱

非设计师经常犯的错误是过度使用排版字体。（字体是一组或一系列字形，例如宋体或新罗马字体。）更换字体非常简单，把一句话中的每个字设计成不同字体也很容易。但是有两个非常充分的理由不允许我们滥用字体。首先，尽管偶尔使用不同字体能够吸引注意力，但过多的字体只会分散注意力。其次，很多公司规定只能使用特定字体以符合品牌要求；你也希望你的沟通内容与公司形象及感觉保持一致。

> **新医疗计划于 2011 年 1 月 1 日启动**
> 为了控制成本、简化流程，公司将变更医疗计划，从综合医疗计划开始。
>
> **综合医疗计划将变更为综合 PPO 保险**
> 这一变化保留原先的项目特征，同时提供节约成本的机会：
>
> **自由选择任何可提供健康服务的医师**
> 新保险计划将覆盖医疗网内 70%的医师。参与者也可选择网外医师，这已覆盖 60%的可报销额度。
>
> **医疗网内折扣更优惠**
> 由于该计划已加入安泰保险 PPO 网络，大多数地区的参与者可以享受更优惠的折扣，医疗网内自付额更低。
>
> **同等自付额**
> 加入 PPO 网络所节约的成本使公司在 2011 年保持自付额和最高自付额不变，无论是网内医师还是网外医师都可计入自付额与最高自付额。
>
> **预防保健覆盖增加**
> 所有预防保健将继续覆盖 70%的可报销额度（网外医师 60%），即使已达到年度自付额。

图表 6-2　使用排版技术

为了强调一些内容，可以将你认为重要的内容加下划线或加粗，但你很快发现这些内容会令人有压力感，不便阅读。

另一个强调重要内容的有效方式是在其周围留白。由于一些原因，我们的眼睛会自动留意空白区域，看那里有什么内容。

使用简单图形

我们可以爬到视觉效果之树的另一级了，在这一级你会发现简单图形，例如形状、图表等。

我们先从熟悉的形状开始：正方形、长方形、椭圆形和圆形。“形状是图像设计的基础，”设计师埃里克·米勒（Eric Miller）在About.com网站上写道，“它们是构成商标、插图和设计中其他元素的基本图形和形式。”

你应该如何使用形状呢？最简单的方式是通过使用图表来组织、联结或分隔信息。图表6-3展示了现行PPO健康计划与新PPO健康计划的区别。尽管图表仅用了矩形，但它可以使读者一眼看到需要的信息。

PPO计划的变更

	现行PPO计划		新PPO计划
	2010年基础	2010年可选	2011年加强
看诊共付额	●普通医师20美元 ●专家40美元	●普通医师20美元 ●专家40美元	●普通医师25美元 ●专家40美元
门诊保险范围	85%共保，有最高自付额（每人2 400美元/每个家庭4 800美元）	100%共保	90%共保，有最高自付额（每人1 250美元/每个家庭2 500美元）
住院保险范围	85%共保	看诊费用每天250美元，上限为每年8天（2 000美元）	看诊费用每天500美元，上限为每年2天（1 000美元）

图表6-3　使用表格

形状也可以符号的形式出现，为关键内容提供视觉代码：

*　代表特殊内容。

×　标记位置或表示“否定”。

√　请你检查并在列表上标示。

☆　提醒你注意，通常表示打折。

- 表示平衡。

拍张照片

当你访问新闻网站时，你首先看到的是什么？当然是当天新闻头条的照片。当你站在报刊亭前，什么吸引了你的眼球？杂志封面上名人、模特或美食（如果是食品杂志）的照片。看报纸，你会先注意到什么？即使是传统的“黑白”报纸，如《纽约时报》和《华尔街日报》，头版最显眼的一定是一幅又大又能引起共鸣的照片。

如果按照莱斯特博士所说，我们生活在“视觉媒介化社会”，那么媒体最常使用的就是摄影作品。自从有了数码摄影（并且大多数手机具有拍照功能）以来，几乎所有人都在用图片而不是文字进行交流。访问一位受欢迎的 20 岁青年的脸书主页，你会看到他的照片、他朋友的照片、他旅行的照片，甚至是他的午餐照片。

在人力资源沟通中你该如何使用摄影作品呢？我们给你两个建议：图片素材和员工照片。

图片素材

根据网络百科全书，图片素材是指“由摄影师拍摄的，关于公共场所、地标、自然环境、事件或人物等的专业照片”，由摄影师提供给相关网站以供出售。有时这些素材网站就像一个付费图书馆，你可以为某一特定需求而“租用”照片；有时这些网站更像一家书店，你可以购买并随意使用照片。

使用图片素材的优点在于，只需较少费用（甚至免费）就可以得到几乎任何你需要的图片——从开怀大笑的婴儿到胖嘟嘟的小猪存钱罐。你总能找到员工模样的人物照片，在沟通宣传中使员工感到亲近。

如图表 6－4 所示，关于新人寿保险选项的通知，配上小女孩手持雨伞的照片，既生动有趣，又能传递购买保险来为家人提供保障的信息。

选择自愿人寿保险，保障你深爱的家人

现在你有机会加入公司的升级版自愿人寿保险，为你的家人提供更好的保障。

升级之后，你将享有：

1. 保额增加至年薪的 8 倍。
2. 个人支付降低 20%。
3. 公开报名时无须提供健康证明即可将保障范围提升至年薪的 2 倍。

图表 6－4　图片素材

这些图片素材的不足之处就是图片上微笑的人并不是公司员工，所以你要决定是使用便利而专业的图片素材还是使用自己员工的真实照片。

图片素材来源

在网上搜索“图片素材”，你会找到很多素材网站。以下是我们熟悉的图形设计师最常用的三个网站。

● iStockphoto 网站：一家由会员提供素材的综合性图片素材网站，除了照片以外，还提供插图、视频、Flash 动画等。iStockphoto 网站有很多人物照片，价格合理。你可以购买低分辨率的图片用于网页，或购买低至 1 美元的图片用于 PPT。

● Shutterstock 网站：仅限于订阅用户，因此你可以支付一个月的会员费来下载一定数量的照片。如果你需要经常购买图片素材，或者需要较大的素材库来挑选图片，Shutterstock 网站可能适合你。

- Veer 网站：提供最复杂的照片或插图，价格相对较高。

员工照片

我们还记得过去获得员工照片的唯一方式是聘请专业的摄影师来给员工拍照。现在这仍是一种选择（比如我们的一位客户刚刚花钱制作了一个关于企业文化变更的印刷品），数码摄影师还可以为你提供很多其他方式，包括将真人照片设计在沟通资料上。

时代在变，我们对照片质量的要求也在变。随着社交媒体的发展，尤其是社交网站（如脸书）和内容共享网站（如 YouTube、SlideShare 和 Flickr），我们获取照片更加轻松。我们崇尚照片和视频的真实性远胜于其完美性。你自己可以成为摄影师，拍摄需要的照片（拿出你的数码相机，让员工大喊“茄子”），或者直接让员工提交他们的照片。例如，你可以让员工分享自己宝宝的照片，用在公司产假的宣传材料上；或者建议已加入福利项目的员工提供他们在享受该福利时的照片。发挥你的想象力（也邀请员工贡献想法），你会找到无数种拍摄员工照片的方法（鼓励员工提供创意照片）。

将你想表达的特殊点用插图的形式表现

如果你有预算聘请插画师，他们会为你提供另一种清晰、快速地表达观点的方法。插画最大的好处在于它能给你提供很难拍摄到的画面（如车祸现场），同时你可以只保留能表达你观点的信息。翻看杂志和报纸，找出哪些内容适合用插图，哪些适合用照片，向这些专业人员学习。

使用图标创建快捷方式

我们现在可以升到视觉效果之树的“图标”这一级了，《韦氏词典》将图标定义为“一种图形表达方式：图像、徽标或符号”。艾莉森在《请注意》（*Your Attention*，*Please*）一书中写道，图标是“一种小的、易于识别的、被普遍认可的图像”。想象一下洗手间门上指示“男”或“女”性别的图像，或者环保回收标识，或者电脑上显示可将文件存储于此的文件夹图标。

我们很喜欢设计师珍妮弗·法利（Jennifer Farley）这样描述图标：“从埃及金字塔上的象形文字到为许多网站增色的橙色 RSS 图标，图标一直用于印刷和网页设计……令人们的注意力迅速转移到文件或网页上的重要部分。”

法利认为，图标的优势在于它能“迅速传递大量信息”，捕捉人们的注意力或快速传递想法。

我们发现在人力资源沟通方面可以大量使用图标。例如，图表 6－5 所示的报名信息为计划的每个部分即综合医疗计划、牙科和眼科都匹配了图标。这份报名信息（员工将带回家）余下的所有内容中，代表特定部分的图标反复出现。当员工访问人力资源网站时，这些图标会再次出现，帮助员工快速找到每个部分的信息。图标为员工提供了便利，他们甚至不需要去阅读文字就能找到所需要的信息。

使用信息图将复杂信息简单化

想象一下你刚刚被任命为一个新的城市交通换乘系统的负责人，

了解你的福利

福利计划	现行福利	2011年福利变化	你需要做的
综合医疗计划	自付额： 个人：400美元 家庭：800美元	自付额： 个人：800美元 家庭：1 600美元	考虑将钱存入医疗支出账户，使用税前资金支付符合条件的费用
牙科	预防性保健覆盖90%	预防性保健覆盖100%	进行预防性牙齿检查，保持牙齿、牙龈健康
眼科	不能单独使用	新眼科保险： 在税前个人支付的基础上可享用，包括眼科检查和配眼镜	考虑加入眼科保险计划，访问[网址]获得更多信息

图表6－5 使用图标

负责美铁（Amtrak）火车站与机场之间公交车和轻轨列车的换乘。你需要向乘客说明他们如何从A地区到B地区，通常需要换乘。

做这件事的最佳方式是什么？最理想的方案是让乘客每人携带一张线路图，这张图也可以做成海报，张贴在公交车站和售票窗口，并且以图片的形式放在系统的网站上。

当然你需要的是像纽约市地铁线路图一样的图，以视觉系统的方式显示路线、交通方式和车辆的行驶方向。

这个视觉系统称为“信息图”。我们能找到的最恰当的定义来自维基百科（我们明白，并不是每次都能获得最可靠的来源）：“信息图是信息、数据或知识的可视化表现，当需要将复杂的信息快速、清晰地加以说明时，常使用信息图。”

维基百科列举了几个例子：

- 在报纸如《今日美国》上，信息图用来显示天气状况和新闻事件的位置。

● 在科幻文学中，信息图用来显示物理系统，如解剖图、天文图和显微镜下的图像等。

● 换乘系统使用信息图来整合换乘站和地标等信息。

信息越复杂，你越应该考虑创建信息图。例如，如果你的绩效管理系统包含很多动态环节（目标设置、中期回顾、年底回顾、校准、奖金核算等），一张信息图就可以涵盖所有内容。然后你可以与 HR 团队和经理们分享这些信息图，便于他们理解整个系统的运作。

如图表 6－6 所示，信息图显示了产假的细节。组织原则就是时间。该公司正常产假是 14 周，从宝宝出生前两周开始到出生后 12 周，这张信息图显示了员工在产假期间可以选择的休假时间。

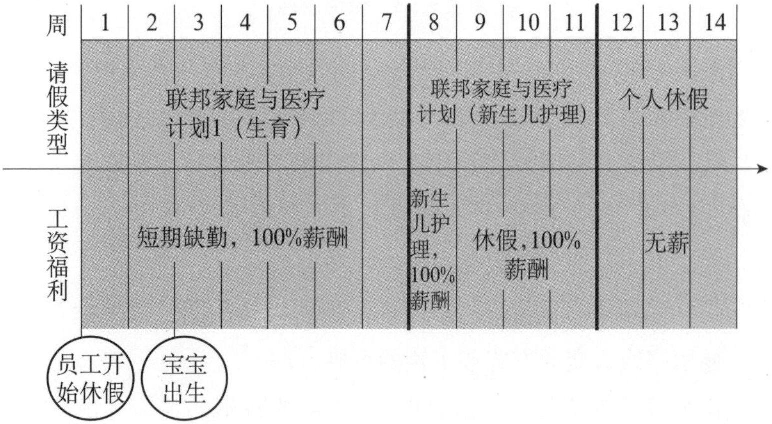

图表 6－6　信息图

当你没有图形设计预算时怎么办

如果你没有预算来聘请图形设计师，又确实需要专业人士的帮助，以下是两个建议：

第一个建议是从其他公司沟通人员处获得优秀图形设计师的推荐人选，然后与几位图形设计师会面，看他们是否接受一次性费用来创建一个可以满足你所有沟通需求的图形模板。你也可以提供其他利益使设计师同意延后付款（有时可能像申请信用额度一样简单）。如果能争取到延后付款，你就可以拿出证据说服管理层雇用一个专业的设计师。

第二个建议是（我们在第 3 章“计划与管理沟通”中提到过）拜访当地教授图形设计的学院，询问一位或多位教师是否可以将你的设计需求当作班级作业。这可能是一个双赢的方案。学生可以了解真实的职场，被选上的学生作业可以在毕业之前成为样本，你也可以免费获得优秀的设计。

检查清单

为确保有效使用视觉效果，请记住以下内容：

- 即使是最简单的文本处理（例如将文字加粗）都能让你的沟通更有趣。
- 你可以使用简单图形，如表格和形状等来组织信息，使其易于获得与理解。
- 一个引人入胜的视觉图像可能只需要一部数码相机和员工的摄影技术。
- 为节约时间，图标是最有效的快捷方式。
- 无论你用于地铁导航，还是帮助员工理解复杂的人力资源系统，信息图都能使内容简化。

第7章

选择正确的沟通工具

阅读本章，你将学到：

- 不同沟通方式的适用情况和不适用情况。
- 为什么采用多种沟通方式在很多情况下效果最好。
- 如何充分利用每一种沟通工具。

你刚刚结束了一场长达90分钟的会议，只了解到一件只需一封邮件即可解决的事情，你回到办公室，感到很沮丧。现在你打算处理邮件，却发现一封问题多于答案的邮件。你上网观看视频，8分钟的视频没有告诉你任何你想了解的信息。一位同事询问你对海报的意见，这张海报要张贴在餐厅，但内容太多，字太小，站在近处才能看清。

我们将以上现象称为“沟通工具的不恰当使用”。很多沟通失败的例子就是因为人们采用了错误的沟通方式。要么需要对话时却发了邮件，要么召开会议却只介绍了背景信息。这就好比需要钻洞时你却拿起了锤子。

关于工具的思考：

我认为使用工具最难的是需要付出很多努力才能用得顺手。

——比尔·乔伊（Bill Joy），计算机科学家，

太阳微系统公司联合创始人

还有一种错误是选对了工具但使用失当。例如，像员工手册一样长的电子邮件或只做报告不做讨论的会议。这就好比用锤子敲钉子，用力过猛砸裂了墙壁。

本章介绍如何选择恰当的沟通工具帮助你有效沟通，并给你一些提示，使这些工具真正发挥作用。

回顾工具箱中的各种沟通工具

我们先来了解每种沟通工具的适用情况和不适用情况：

沟通工具	适用情况	不适用情况
电子邮件	迅速、可执行的信息	提供详细的信息，沟通尖锐的话题
网站	综合信息，随时可取，为员工提供彼此交流的机会	紧急信息
印刷品（手册、内部通讯）	讲述故事，将问题置于情境中	新闻
工作场所宣传（海报、布告栏）	快速提醒或概述	细节、内容
音频（播客或CD）	以讲述故事的方式将问题带入生活	复杂信息、任何应以视觉形式呈现的信息
视频	将问题以戏剧的形式表现出来	深度信息
会议（面对面或虚拟）	解释复杂信息、回答问题	单向沟通
社交媒体（如脸书、维基、博客）	将员工彼此联系	广播“官方”信息

知道了每种沟通工具最适合的情况后，你就可以决定如何使用沟通工具为你的沟通服务了。

在你行动之前，我们提醒你注意以下两个重要步骤：

1. 考虑员工的沟通需求与偏好（见第1章“了解你的员工”和第2章“像对待客户一样对待员工”）。例如，如果你的销售团队大多数是千禧一代，他们很可能更喜欢电子沟通方式，而不是印刷品（或是面对面沟通）。他们希望快速找到信息、得到问题的答案。

2. 回顾你的目标（见第3章“计划与管理沟通”），确保你关注需要让员工知道、相信和去做的事情。只有这样，才能确保你选择的沟通工具实现你的目标。

确定最佳沟通工具

以下列举了人力资源经理如何将员工需求、沟通目标和恰当沟通工具相匹配的案例：

员工需求	沟通目标	恰当的沟通工具	例子
“我想在家与我的家人讨论保健的选择。”	员工做出最合理的决定并按时报名	印刷品	邮寄公开报名信息
“我需要搞清楚当我退休时，我的401(k)退休金账户能有多少钱。”	员工完全加入401(k)退休金计划	网站	退休福利估算器
“我想了解奖金计划有哪些变化，对我有什么影响。”	员工理解变化，不会频繁向HR询问	会议	召开面对面或虚拟会议，解释变化，回答员工提问
“告诉我当我的孩子出生时，我们的政策和福利项目会有哪些不同。”	受影响的员工了解福利项目和政策，并采取恰当行动	一页纸（打印或在线）	显示产假相关信息的图表

“对于长期残疾保险，我有很多疑问。”	员工加入长期残疾福利计划	现场谈话	员工提问后能得到专家迅速解答的即时消息

➡ 祝贺你升级牙科保险计划

牙刷是沟通工具吗？通常不是，但你可以利用牙刷、T 恤、计步器或其他物品提醒别人注意你要沟通的信息。例如，当我们的一位顾客宣布新升级的牙科保险计划后，我们建议他发放旅行牙刷套装。结果呢？牙刷的需求量超过了员工人数。（也就是说，人们喜欢这个礼物。）

使用非传统沟通工具的秘诀是什么？确保选择的物品是相关的——钥匙链与健康无关——并且是员工喜欢的。你无须做调查来发现员工的喜好，只要与几位有代表性的员工聊聊就能获得反馈。

有效使用各种沟通工具

现在你已经知道如何选择沟通工具，接下来我们将向你说明如何提升常用沟通工具如电子邮件、印刷品、海报和布告栏的效果。我们也将提供关于最新沟通方式社交媒体的建议。（我们将在第 8 章“使会议更高效并支持管理者”讨论面对面沟通。）

电子邮件：爱它、恨它、需要它

我们喜欢电子邮件，它操作简单、速度快、回复率高，但是，我们也讨厌被源源不断的信息包围的感觉。

多少封邮件?

科技市场调研公司 Radicati Group 发布的数据显示，以下就是你感到超负荷的原因：

- 90 万亿：2009 年全球发出的电子邮件数量。
- 2 470 亿：全球平均每天发出的电子邮件数量。
- 14 亿：全球电子邮件用户的数量。
- 81%：垃圾邮件的占比。

因为员工每天会收到如此多的邮件，他们已经练就了只需几秒即可决定“点击删除”还是“打开阅读”的本领。你如何确保你发的邮件不会被视为垃圾邮件呢？以下是一些建议：

- 只在信息及时且需要采取行动时才使用电子邮件。
- 清晰列出行动步骤。
- 邮件主题应有力、直接，总结你要传递的信息。
- 使用倒金字塔结构（见第 4 章“构建你的信息”）组织邮件内容。
- 使用要点符号、数字或其他工具（见第 5 章“简明书写”），将信息划分为容易理解的小块。
- 将邮件内容控制在一页内。

➡ 切合要点

2008 年经济急剧下滑，一家大型公司的薪酬福利部门了解到员工担心退休基金迅速缩水，邀请会计师事务所来做财务讲座。

这个话题本身具有吸引力，我们知道可以在保证信息简洁的同时吸引员工的注意。以下是我们写的电子邮件。

邮件主题：

你对自己的财务状况有疑问？来参加工作坊获得答案。

邮件内容：

Acme 公司将与 Smith & Smith 会计师事务所合作，不定期组织免费的理财研讨会。在认证理财规划师的引导下，研讨会将深入探讨在经济不景气的情况下如何调整理财策略。

研讨会将于 5 月 1 日至 7 月 2 日在多地举办，并提供网络直播。

访问［链接］可获得详细日程安排。报名请登录网站或拨打×××-×××-××××。

图像式电子邮件更受关注

比最好的文本邮件还要好的是什么？如果你有时间和资源，请考虑创作一封“图像式”电子邮件。当接收者打开时，设计好的邮件（用创建网站的代码 HTML 进行编程）看上去像一则广告。你大概很熟悉图像式电子邮件，因为你从网络零售商（如 Land's End、维多利亚的秘密和 GAP）那里收到过免费配送等促销广告。

图像式电子邮件（因为类似于电子明信片，也有人称为“电子卡片”）能使你以简单的形式进行沟通（见图表 7－1）。这样员工就不需要阅读大段文字，而是快速浏览“广告”。电子卡片可用来沟通以下内容：

- 日期，例如公开报名的起止日期，或提交灵活消费账户的申报日期。
- 事件，例如即将实施的保健计划或退休计划。
- 一则吸引人的信息，强调或链接内部网站的更多信息。

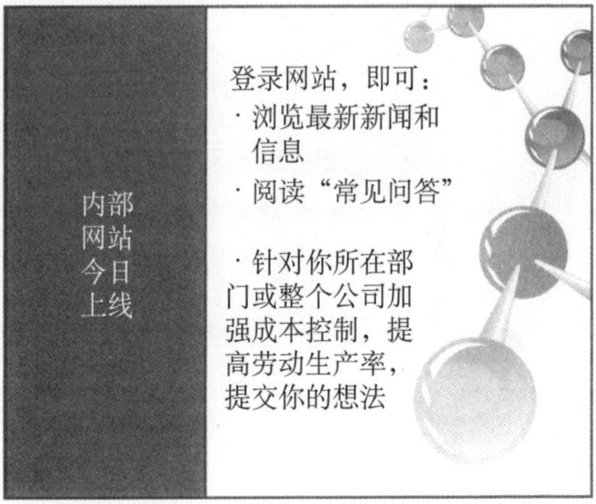

图表 7-1　一封图像式电子邮件

关于工具的思考：

人类是会使用工具的动物。没有工具，人类一无是处；有了工具，人类无所不能。

——托马斯·卡莱尔（Thomas Carlyle），19 世纪苏格兰作家

依旧强大的印刷品

大约十年前，印刷品作为内部沟通方式几乎被淘汰。各公司在内部网站上投入大量资金，削减其他沟通方式的预算。环保运动兴起，“砍伐树木”似乎是错误的（见第 3 章“关于破坏树木的真相”专栏）。现实是，要处理好与印刷品相关的问题有大量工作要做。

因此，很多公司抵制印刷品。但是奇怪的事情发生了，人力资源部门发现员工的电话咨询更多了，因为他们有很多不清楚的地方。当一家公司停止制作和邮寄公开报名资料包后，人力资源总监发现员工将内部网站上的内容打印了很多页（这比公司集中打印花费更多）。

也有公司意识到取消印刷品对于不方便上网的员工来说不公平。

印刷品对特定部门员工的价值如下：

部门	为何需要印刷品
生产或零售部门	很多工人登录邮箱和内部网站受限，而且可能不习惯使用新技术
客服中心	员工有电脑，但工作期间无暇阅读电子邮件或浏览内部网站
远程工作者	销售代表、空乘和维修技术人员等更喜欢可携带的沟通工具，可将它们放进包里，有空时阅读
技术部门	这似乎不太合理，但 IT 和其他技术人员认为阅读印刷品可以让他们暂时离开电脑屏幕

因此，人们又开始重视印刷品，尤其是在沟通复杂信息时，例如报名选项。这是个好现象，因为印刷品在引起人们的兴趣方面比电子沟通更有效。（更好的消息是印刷品的成本大幅下降，并且有很多“绿色”环保方式来打印。）

印刷品有多大影响力？2006 年一项消费者行为调查显示，相较于电视、广播和互联网等电子媒体，人们更热衷于报纸、杂志等平面媒体。

谈到“热衷”，波尔州立大学媒体设计中心（Center for Media Design）的学术研究人员指的是消费者集中花在这些媒体上的时间。该项调查被称为“米德尔敦媒体研究”（Middletown Media Studies），是基于 5 000 小时对消费者媒体使用情况的直接观察。

结果显示，消费者更倾向于将全部注意力集中在平面媒体上。尽管消费者花在电视、广播和互联网上的时间更长，但他们很可能同时做着别的事情。他们可能同时使用两种或更多媒体，或将电子媒介作为从事其他活动的“背景噪声”。针对外部媒体的研究可以应用在内部沟通方面吗？当然可以，因为无论信息从何而来，员工使用媒体的方式相似。

高效利用印刷品的三种方式

- 将印刷品用于服务：印刷品是服务式新闻报道的最佳媒介（见第 5 章），能帮助员工理解关键信息，使员工明白适合他们的是什么以及如何做出贡献。思考“如何做”以及“你可以利用的新闻”。
- 画图：从杂志中学习最佳实践，通过照片、图表和其他图形元素使你的信息具有视觉化效果。最具吸引力的视觉效果就是人们的脸。
- 给员工浏览或阅读的选择：由于对话题的兴趣不同，有的员工可能只会浏览（快速查看标题、副标题、图片说明和侧边栏），有的员工则会逐字阅读。确保把你的内容划分成小块，以吸引所有员工。

关于工具的思考：

> 人类必须塑造工具，否则就是工具改变人类。
>
> ——阿瑟·米勒（Arthur Miller），剧作家

在自助餐厅排队

下一个将要介绍的沟通工具常被忽视：工作场所的沟通，例如海报、布告栏、电子标识及屏幕。我们为什么要考虑这些呢？因为即使你的公司有一些远程员工，大多数员工的大部分时间是在公司的办公室、工厂、仓库、库房或其他设施内。也就是说，他们会经过员工通道，打卡上班（如果是计时工人），去洗手间，在餐厅排队等候。他们在做这些时，就可能看海报、布告栏、电子标识或屏幕等获得有用信息。

工作场所沟通最大的好处是即使预算有限，你也能制作海报或布告栏。你只需要纸、大头针或胶带以及制作海报的技巧，就可以传递你的信息。

➡ 增长最快的广告媒体是什么？

如果你的猜测是电视、广播或网络，那你就错了。增长最快的两类广告媒体是户外媒体（广告牌）和商场内媒体（例如地板上的标识和收银台附近的电子屏幕）。为什么？因为广告商知道这些位置的广告能吸引行走在路上或推着购物车的受众的注意力。事实如下：

- 根据全球行业分析公司（Global Industry Analysts）的报告，2010年全球户外广告市场达304亿美元，增长10%。
- 交通广告是增长最快的户外广告形式。
- “数码标识”是商场陈设的潮流。许多零售商（从超市到书店）都在尝试使用电子屏幕。

高潜力海报

可怜的海报，它们潜力巨大，却未经深入思考而仓促完成。结果陷入平庸：它们缺乏强烈的视觉效果，只是充满文字；信息量过大，完全不引人注意。总是能分辨出沟通效果好坏的员工对这些海报反应平平。最近我们为一家生产企业组织了焦点小组访谈，以下是一些员工的反馈：

- “我从来不看海报，它们似乎与我无关。”
- “这里的海报很糟糕。你得站在这里阅读。谁有时间读呢？”
- “我去餐厅的路上会瞥几眼海报，但大多数海报张贴上去只是为了交差——‘我贴了海报，我的沟通工作完成了’。但是没人看又有什么意义呢?”

这个机会被浪费了，因为海报是很好的沟通方式，可以在人们停留或聚集的地方传递信息，例如，在休息室里，乘坐电梯时。

海报对于不方便上网的员工尤其重要。但是，就像好莱坞电影工作室（电影海报）、广告商（广告牌）和零售商（视觉化陈设）所熟知的，任何人都可以使用海报。毕竟，我们需要看到内容，最好是有吸引力的、有趣的、有说服力的内容。

为了获得灵感，不要只盯着公司内部，还要参考一流海报。这里有一个关于历史上知名海报的不错网站 www. artlex. com/ArtLex/p/poster. html。要查找近几年热门电影的海报，请登录 www. impawards. com。

海报小贴士：

- 一般要有强烈的视觉效果。
- 严格控制字数（标题应少于 7 个词）。
- 将海报张贴在墙上，以正常速度路过，测试海报内容是否清晰。
- 将海报张贴在人流量大的区域，与视线平齐。
- 海报保留时间足够长，以使员工注意到，但也不能久贴不揭。

最佳布告栏

我们喜欢用布告栏，因为只需一些软木板、一盒图钉和简单技巧即可成功。

以下是制作布告栏的一些经验：

- 通过多彩的视觉效果激发兴趣并鼓励参与。员工需要的是可快速获取、易于消化与理解的信息。进度表、示意图、照片和海报能满足员工“快速获取信息”的需求。

● 聚焦人流量大的区域。布告栏的大小可能取决于可供使用的墙面面积大小，但更关键的是布告栏的位置。避免将布告栏设于狭窄的走廊，以防人们匆匆走过而无视内容。应将布告栏设在员工可能会停下来浏览的开放区域，例如，餐厅、休息室或电梯附近。

➡ 位置很重要

一家大型零售企业拥有全面、有效的员工沟通计划，但人力资源总监认为每家店的沟通仍可提升。我们走访了几家店来了解情况。我们首先注意到的是布告栏。布告栏很多，有一些主题明确（例如销售和促销），有一些则比较一般。负责布告栏的人非常认真，大多数布告栏色彩丰富、颇具创意。

只有一个问题：几乎所有布告栏的位置都不合适。一个位于狭窄、拥挤的走廊，不太可能有人冒着被绊倒的危险停下来看布告栏上的内容。还有一个在更衣室的尽头，几乎没有人会走到那儿去。更糟的是，所有员工每天都会经过两次的打卡钟处却没有设置布告栏。

“我们很喜欢你们的布告栏，”我们告诉人力资源总监，“但是它们被浪费了。移动一下它们的位置会更有效。”

● 统一结构。你需要一个模板来组织布告栏上的内容。主要内容应包括以下要点：

- （本地或公司范围）即将举行的会议和活动的日程表。
- 工作安全政策。
- 员工认可。

- 职业发展机会。
- 目标/战略/业绩结果。

● 指派专人负责维护各区域/位置的布告栏。任务包括更新和更换过期信息；如有意见箱等互动设施，收集员工反馈。

全民社交

现在越来越受关注的员工沟通工具是社交媒体。为了让你了解这种新的沟通方式，我们提供了社交媒体营销专家之一布赖恩·索利斯（Brian Solis）的定义：

> 社交媒体是描述人与人之间通过分享内容、个人资料、意见、想法、经历、观点和媒体本身等促进对话和线上互动的在线工具。包括博客、留言板、播客、微博、生活日志、书签、网络、社区、维基和视频博客等。
>
> 比较重要的几种社交媒体应用有：维基百科（资料）；MySpace和脸书（社交网络）；推特和Jaikue（状态应用）；YouTube（视频分享）；Second Life（虚拟现实）；Upcoming（会议）；Digg和Reddit（新闻聚合）；Flickr和Zooomr（照片分享）；Blogtv、Justin. tv和Ustream（现场直播）；Stickham和YourTrumanShow（情景在线视频）；Izimi和Pownce（媒体分享）；del. icio. us（书签）；魔兽世界（在线游戏）。

如果你年过30，你可能认为社交媒体用户大部分是年轻人。但社交媒体并非专属于年轻人。尽管18～29岁的用户是社交媒体的最大用户群，但有43%的30岁以上人群和29%的40岁以上人群也使用这些工具，并且数量不断增长。例如，我们发现商务社交网络领英在 30 多岁人群中很受欢迎，而脸书的粉丝大多是千禧一代。

尽管社交媒体越来越受欢迎，但很多人还不知道该如何使用这些工具。毕竟，它们有很多的可能性，也存在不少的风险。以下是在沟通项目中使用社交媒体的一些建议：

● 明确目标。我们一直在强调目标，这是因为理清你要完成的事情可以帮助你集中注意力并做出正确的决定，从而确保沟通顺畅。不要仅仅因为年轻人偏爱社交媒体就匆忙开始使用。首先要弄清社交媒体将如何帮助你实现目标。

● 不要单独行动。社交媒体并不“属于”任何人，它的功能也不止一项。利用社交媒体最好的方式是组建一个由人力资源部门、网络技术部门、法务部门和公关部门等组成的团队。这样，你就可以兼顾各个方面：技术、外部声誉（有影响力的博客）、政策和员工敬业度等。

● 当你准备开始时，不要急于求成，应慢慢尝试。社交媒体的优势在于你可以小心尝试，看看进展如何，然后缓慢加速或调整方向。很多社交媒体工具是免费的或收费较低，常用的 IT 平台如微软的 SharePoint 都有博客、维基等社交媒体选项。

● 先从招聘开始。我们在第 10 章“招聘”中会解释，很多公司已经使用脸书、领英和推特等社交媒体进行招聘，作为对传统招聘渠道的补充。这是一个很好的起点，可以吸引那些不喜欢看报纸上的招聘广告的高潜力员工。

● 询问员工使用的社交媒体以及他们真正的需求。社交媒体刚刚兴起时，我们有几位客户兴致勃勃地开始建设内部的脸书式网络。但一些公司失败了，员工并不使用内部网络。问题出在哪里？一位员工告诉我们：“我已经在真实的脸书网络上与所有的朋友和同事联络，为何还要再创建一个新的个人简历与联系方式呢?”确保你真正了解员工对使用内部社交网络渠道的偏好。

● 帮助员工解决问题、完成工作。与人互动固然有趣，但优秀的员工更关注做好本职工作。这就是很多公司挖掘社交媒体潜力来使工作变得简单的原因。例如，一家大型制药企业引进了 Yammer，一个类似于推特的内部微博系统。员工自发形成小组，发表评论或提出问题，例如“我想找增加××软件运行时间的数据，有人能帮我吗”或者“刚刚成功进行了××新方法的测试，分享一下我的经验”。该公司员工位于不同地点、不同时区，他们认为 Yammer 是一个跨越时间、地域与同事交流、共同完成工作的很好的方式。这不正是人们所期望的吗?

关于工具的思考：

一个差劲的技工总是怪罪于他的工具。

——谚语

总结：让每种沟通工具都发挥作用

你在沟通非常重要的内容时，需要使用多种沟通工具，帮助员工理解他们有哪些选择并做出正确决定。

一家大型制药企业计划就变更较多的项目的公开报名进行沟通，我们建议使用几乎所有可用的工具：内部通讯、资料页、明信片、海报、福利市集、网站或电话报名、餐厅餐牌和电子显示屏等。以下是每种工具对公开报名获得成功的贡献：

● 内部通讯：将复杂内容分为简短、易于阅读的部分，包含图表、要点符号和列表。

● 资料页：给员工一页纸的信息，鼓励他们采取行动。例如，在一页纸上列出员工可能会用的推迟报名的借口（“我不需要”“我负担不起”），并给出令人信服的报名理由。

● 明信片：提醒员工是时候采取行动了。我们在两种不同的情况下使用明信片。一种是提醒员工报名，上面有网址和电话号码。另一种是提供关于报名的某些信息，如长期残疾福利计划。

● 海报：张贴在各个场所——餐厅外、电梯附近、入口处、布告栏——强调关键信息。

● 福利市集：给员工面对面提问和立刻得到解答的机会。

● 网站或电话报名：为员工提供一种快速、简单、低成本的报名方式，员工可直接了解费用是多少。无法使用网络的员工可以拨打免费电话报名。

● 餐厅餐牌：鼓励员工“今天就报名”。

● 电子显示屏：提示员工福利市集的位置，提醒员工报名的截止日期。

检查清单

为确保选择正确的沟通工具，需要注意以下事项：

● 考虑你的沟通对象和沟通信息。

● 考虑你可以使用的所有沟通工具（以及它们各自的适用/不适用场合），然后决定每一种沟通工具如何帮助你沟通特定信息。

● 确保你充分利用每种沟通工具。

第 8 章

使会议更高效并支持管理者

阅读本章，你将学到：

- 改进会议以挖掘会议作为有效沟通渠道的潜力。
- 使网络/虚拟会议更有活力、更具吸引力。
- 向管理者提供信息、工具和技能，改善他们与团队的沟通。

我们还记得电子通信使人们随时随地联系之前的“美好时光”。大多数情况下我们更喜欢如今的沟通方式，但是过去的沟通方式会议更有效。

会议是大多数公司的主要沟通方式，因此你希望会议发挥它的作用。但会议往往时间过长、内容枯燥，而且几乎没有效果。

我们的目标不是改进每一场会议，希望帮助你改进组织中关于人力资源项目、政策和福利的沟通会议。我们认识的许多人力资源管理者会在公开报名阶段邀请员工参加会议，帮助员工了解健康计划的变更。一家防务公司在与员工沟通变化较大的退休计划时采用了会议的形式：人力资源团队在公司所有办公地点组织“路演”来向员工解释新项目。无论要讨论的话题是复杂的还是令人激动的，这家公司都采用网络简报和面对面沟通两种方式，这一做法值得借鉴。

会议可以成为解释复杂问题的最佳途径：既能提供信息，又能使员工的疑问得到解答。

本章我们将向你介绍如何改进与员工（事实上是与任何人）的会谈。我们还将提供建议，帮助你公司最重要的沟通人员——管理者——提高人际沟通技能。

坏消息

艾莉森经常参加会议。事实上，她在这个月参加了公司 100 位杰出领导者聚会、人力资源人际网会议以及一家著名沟通公司组织的区域会议。

她的感受如何？尽管这些会议分享了很多有用信息，但组织者仍应学习如何举办有活力的高效会议。以下是他们犯的一些错误：

● 场地不舒适。有一场会议，100 多位与会者挤在一间最多容纳 70 人的会议室，会议室还没有窗户。结果，与会人员感到缺氧、不适，脾气变得暴躁。

● 报告太多。利用 PPT 做报告很有效，但全天会议一个又一个的 PPT 演示会让人麻木。

● 视觉效果欠缺。你可能觉得 PPT 上可看的内容很多，然而很多会议的 PPT 并没有太多视觉元素，只有满屏的文字。

● 时间管理不佳。演讲者没有给观众留提问的时间。会议时间太长，向后拖延，导致午餐时间缩短，没有足够的休息时间。这些都是时间管理不佳的表现，不但打乱了会议流程，也容易使与会者不在状态。

- 缺乏讨论。如果你的会议目标只是传递信息，那么发份报告即可，还可以节约时间。但如果会议旨在促使人们解决问题或采取行动，就必须将讨论纳入会议日程。这就需要考虑时间、场地和计划。

会议的使命

尽管会议常令人失望，但我们仍抱有希望。事实上，会议的潜力巨大，我们为此创造了一个使命宣言：会议不应只分享信息，更应该吸引员工、激励员工、教育员工并解决问题，使员工的思维和行动都发生改变。

这可能吗？当然可能，我们将向你逐一说明。

好的会议以终为始

“终”指的是结果，即你把人们聚在一起实现目标。糟糕的会议就像充满杂物的厨房水槽，杂乱无章。相反，高效的会议重点突出、目标明确。区别在哪里？是否有清晰的目标。（现在你知道我们是目标的忠实粉丝，我们建议你在组织会议时像其他沟通方式一样使用目标。）

为了确定你关注的重点，设置一到三个目标，至少解决以下问题之一：

- 会议结束后与会者将了解到什么？要做哪些决定？

- 与会者的想法会有何不同？他们会相信什么？
- 会议结束后与会者会采取什么措施？他们会做什么？

日程安排是你的助手

设置好目标后，精心组织你的会议以实现目标。过去将组织会议称为“会议日程”，但你需要做的不仅仅是列出会议内容，还应该设计合理的会议流程，安排合适的时机使与会人员参与，并控制好时间，这样才能实现各项目标。

首先，将你的会议想象成电视谈话节目。调动你的潜力。你需要一位充满活力的主持人、风趣幽默的嘉宾、各项视觉效果道具和观众参与的机会。你的会议日程将指导你完成：

- 把时间花在最重要的事情上。
- 为重要话题留出足够的时间。
- 为休息、非正式讨论和建立关系留出足够时间。

➡ 一起来

一家制造工厂在金融危机时经历了困境：一条生产线停产，员工被迫休假或缩短工时。经济复苏后，工厂经理想将员工凝聚在一起，关注工厂未来的发展方向，希望员工了解自己可以为企业成功做何贡献。工厂经理向人力资源总监寻求帮助。人力资源总监做了会议日程安排，包括展示说明和员工参与。

时间	内容	引导者
9：00	介绍	工厂经理
9：05	详细说明企业的愿景与使命（企业的发展方向）和为了实现愿景与使命需要做些什么 回答问题	工厂经理

9：45	明确优势 分组进行头脑风暴，每组提出三至五个（每张卡片一个）可以帮助达成愿景与使命的优势 每组投票选出一张卡片，并进行说明展示 收集、整理所有卡片，并列出前十项优势	HR
10：15	休息	
10：30	为新的工作方式定义属性 每组使用白板纸画一张思维导图（相关词语的图表），展示我们需要的不同工作方式 每位员工都要参与本组的思维导图绘制 将画好的思维导图张贴在会场 收集并整理所有思维导图	HR
11：30	识别困难与解决办法 每组在白板纸上列出三至五项困难或劣势；针对每一项困难/机遇找到解决办法（解决办法可以是具体的或不切实际的） 每组选择一项困难/解决办法进行汇报 收集所有展示纸张	HR
12：15	午餐	
12：45	新方案 经过一天的学习之后，每位与会者在两张卡片上写出一个他将采取的措施（“我决心……”） 所有与会者和一位同事分享他将采取的措施 管理层与所有员工分享将采取的措施 所有员工留下一张卡片，另一张上交	HR
13：00	未来我们将如何与你沟通 收集所有部门的卡片/文档，草拟一项计划 在下周交接班会议上与所有员工沟通新信息与结果 30天内在员工大会上跟进 回答问题	工厂经理
13：45	会议结束	

确立与会者的期望

一旦会议开始，管理每个人的期望非常重要，尤其是你打算让会议气氛活跃起来时。

为了确立期望，会议一开始就要让与会者知晓：

- 会议结束时你会完成什么（目标/结果）。
- 会议内容、顺序和时间安排是什么（日程安排）。
- 每个人在会议中要做什么（角色）。
- 你将如何组织会议（规则）。

管理信息分享

我们非常清楚人们组织会议的一个重要目的就是分享信息，但这并不意味着你应该把这个过程看作理所当然。有效的信息分享不是将一堆 PPT 拼凑在一起。事实上，只使用 PPT 进行信息分享是错误的。

例如，一位客户刚刚被指派负责 CEO 召集的全员大会，她拜访我们，征求建议。这位顾客打开文件夹，拿出打印好的 PPT 文件。“这是 CEO 在忙的事情。”她一边说一边将厚厚一摞文件放在桌子上。

这是个非常尴尬的时刻：我们不想看，但不得不看。事实比我们想象的还要糟糕：PPT 有 55 页，没有视觉效果，只有满满的图表和数据。

“你们的全员大会要召开多久？”我们问她。

“一个小时。”她回复。

“有提问和回答的时间吗？”

“只有几分钟，”她说，“但是也没人提问。”

这并不奇怪。接收了 50 多分钟令人眼花缭乱的信息后，员工的大脑已经麻木。问题不仅限于 PPT 的数量，还有会议的组织形式。会议涵盖了九项独立的主题，提供了大量数据，没有故事，只有事实。

更糟糕的是，没有一项与员工直接相关。员工无法参与，无须任何行动，也没有机会做任何事，只是被动地坐在观众席，等待会议结束。

我们的客户应该如何停止这种疯狂的信息分享呢？以下是一些建议：

- 从目标入手。
- 时刻关注与会者的需求。问自己：对他们来说哪些信息重要？他们需要知道什么？为什么？他们知道这些信息后，你想让他们做些什么？
- 考虑其他的信息分享方式。PPT 往往是默认方式，还有其他选择吗？制作一张资料页或其他文字资料？做一场访谈式的问答？设计海报？
- 使用更多页的 PPT，但是每页内容不多。保证每页 PPT 都很简洁。不要使用信息过多、布满文字和表格的 PPT。仅用 PPT 展示要点。

创建引导式方法

如果你想使会议高效，就要放弃消极的展示，为与会者创造真正的互动体验。这样做是值得的，因为当与会者有机会“参与”会议内容时，他们更能融入会议。

几年前当艾莉森最小的儿子——当时还是个高中生——拜访想要申请的大学时，艾莉森再次意识到了互动的重要性。

大学的远程沟通（通过网站、打印的资料和社交媒体）比较有效，但校园会议糟透了。艾莉森和儿子一次拜访了四所大学，其中两所大学的宣讲会都是从招生人员乏味的、不熟练的 PPT 展示开始的。

这些展示跟你在公司里看到的一样糟糕：展示者照本宣科，读满是要点的 PPT。

三分钟后，艾莉森的儿子抱怨说："这些是给家长看的，不是给孩子看的。"

艾莉森跟儿子一样烦躁。为了使自己镇定下来，艾莉森开始默默思考如何改善这场会议。现场大约有 15 位有意向的学生（和大约 20 位家长）。为什么不问学生一些活跃气氛的问题呢？例如，"今天是什么让你坐在了这里？"学生可能回答："因为我妈妈非要我来。"所有人都会大笑。

或者播放一些学生制作的短视频，或者根据一些信息让学生做测试，奖励得分最高的学生（或奖励答对最多的学生）。

她可以继续思考，幸运的是会议结束了，接下来是参观校园（也不太理想，但至少没有 PPT 了）。

以下是组织互动式会议的一些要点：

● 展示之后，将与会者分成小组（两人或三人一组），让各组提交关于话题最难的问题。

● 进行"用你的身体投票"游戏，让与会者在全场范围内移动来表示他们对关键陈述的赞同。

● 将白板纸放在桌上，邀请与会者绘制思维导图，就问题的解决方法进行头脑风暴。

● 调整全员大会的日程安排。前 45 分钟邀请员工回答高层管理者的问题，分享他们对不同问题的意见。然后让高层管理者分享所了解的信息，并谈谈今后将如何利用这些信息。

网络会议怎么样

由于技术进步，我们不再需要聚在一起开会了。我们可以开电话会议，通过视频会议见面，在网络平台（例如微软 Live Meeting、思科 Go-To-Meeting 或 WebEx）上彼此关注。问题是所有面对面会议的潜在缺点可能会通过虚拟会议的形式放大：仅展示 PPT 而没有机会互动。

你应该如何改变呢？以下是五种方法：

● 关注目标。（这一点很重要，我们已经多次提到。）也许你试图让所有与会者清楚目标，或者让大家一起解决一个问题。不论是哪种情况，确保会议日程是为了实现目标而设计，使用最佳网络工具来支持日程安排。

● 熟悉新工具可用的功能。很多会议组织者不太习惯使用视频或网络会议系统，所以只使用他们熟悉的工具，结果往往是播放 PPT。好的会议系统会提供大量允许互动的工具。想要找到这些可用的工具，可以观看服务网站上的演示视频或者参加免费培训。然后尝试使用这些功能来改善会议效果。

● 尝试一项新的工具。几乎所有网络服务都能提供的最简单的功能就是聊天。聊天功能可以使参与者写出问题或做出评论，并发送给所有人。我们使用聊天功能鼓励员工随时提问，而无须做展示。你可以通过多种不同方式使用聊天功能，包括发帖、跟帖。

- 测试各项功能。在一个小型团队会议上，尝试使用所有可供选择的工具，用完全不同的方式组织会议。不要演示，尝试使用分享功能向与会者展示文件样本或网址。发起一项调查，让与会者投票。使用白板功能。将操控权交给另一位与会者，让他操作。
- 相信科技的力量。如果你尝试使用，虚拟会议也能成为沟通和完成工作的好方法。抛开你的假设，看看会有哪些可能性。

最终我们发现，在分享信息、解决问题，甚至更多方面，没有什么比得上面对面会议。如果一个国际化团队即将在某个项目上花费一年或几个月时间，那么将这个团队正式或非正式地聚集在一起相处两三天是很有必要的。在项目推进阶段，团队成员如需见面，可以借助网络平台，这样可以节约成本，而且由于成员之间已通过面对面交流彼此有所了解，团队互动性会更好。

支持你的本地管理者

当涉及人力资源沟通时，员工在需要采取措施或做出决定时倾向于寻求答案。他们会向谁求助呢？

当然是他们的直线经理，直线经理会提供有用的、及时的信息。

大多数管理者认为他们有自己的工作要做，也不想成为人力资源领域的专家，所以让他们学习人力资源相关知识会非常困难。你的任务是使这些管理者做好回答员工提问的准备。以下四种方法可以帮助管理者在这个重要的沟通角色上取得成功：

● 提前向管理者说明。当你要推出新的项目时，先培训管理者。他们将优先获得内部消息，有足够的知识回答问题。提示：我们最喜欢的（有效的）方式是召开互动式网络会议。

● 提供常见问题解答。常见问题解答很平常，但管理者发现它们很有用。不要忘记包含棘手的问题，并且避免打官腔。问一些员工真正想问的问题，在最终确认前，与员工或管理者测试这些常见问题。避免使用专业术语，要使用口语描述。最佳常见问题解答让你觉得有人能够预测并回答你所有的问题。糟糕的常见问题解答就像呆伯特漫画：幽默有余，实用不足。

● 创建内部网站，为管理者服务。如果你的公司有内部网站，考虑为管理者创建一个专门区域。这将是管理者存储资源和培养技能的最佳场所。使网站社会化，包含讨论帖等内容，让管理者可讨论困难和解决方法。提供按需学习的途径，以便人们遇到困难时可以快速学习。

● 不要要求管理者召开特殊会议。管理者忙于完成工作，他们不应有额外任务。集中精力帮助他们回答问题，鼓励他们在常规团队会议上讨论关键问题。

➡ 五分钟经理人

一家跨国公司发起了一个项目，每周向所有管理者发送一封包含五分钟信息的邮件，让管理者在本周全体员工会议上分享。通过分享简短的重要信息，人力资源部帮助管理者着手做正确的事。如果员工提问，管理者知道如何找到答案，并在下周员工会议上分享问题的答案。

将会议资料打包

有时你真的需要让管理者和他们的员工聚在一起讨论某个重要话题。如果是这样，制作一个“会议资料包”尽可能将会议简化。你只需将管理者要沟通的关于新项目的信息全部打包（可以是制作好的实物，也可以是需下载的电子文件）。资料包应包括新项目概要视频、员工可带走的打印资料和管理者在员工会议上可使用的讨论指南。再次强调，如果你能使管理者很容易做到，他们就很有可能按照要求去做。

例如，年中总结时，员工压力很大，但你仍需所有员工参与。如何做呢？以下是帮助管理者鼓励员工参与年中会谈的三种工具：

- 采用视觉效果展示过程。创建一张包括所有步骤（和各阶段负责人）的视觉图，帮助管理者理解整个过程。
- 明确角色。明确管理者和员工各自的角色，使所有人明白自己应该做什么。
- 提供常见问题解答。强调管理者可能遇到的关于会谈过程或角色的问题，向管理者提供常见问题及解答。

➡ 帮助管理者理解新的薪酬计划

一家制药企业修订了可变薪资计划，为管理层创建了单一的全球项目：长期激励计划。挑战在于向管理者介绍该项目，让管理者理解变化，并做好回答员工提问的准备。我们制作了关于项目构成的打印文件，然后邀请管理者参加网络会议，重点讨论复杂的项目构成，例如受限股和业绩股。会议需要展示很多信息，但留出了足够的时间提问。会上管理者提出的问题被整理收集，会议结束后，常见问题解答会发送给所有管理者，以便与员工沟通时使用。

结果，与会管理者中有95%表示他们理解了新的长期激励计划。受限股计划需要管理者采取行动，涉及的管理者全部在规定日期之前完成了工作。

检查清单

为使会议更高效并支持管理者，需要做以下事项：

- 设定清晰、具体的目标，以终为始。
- 创建会议日程帮助规划会议。
- 组织每个人都能参与其中的高效互动会议。
- 将演示文档作为辅助工具，而不是必要内容。
- 使用聊天、投票、分享等功能使虚拟会议更有效。
- 向管理者简要说明，让他们熟悉沟通话题并做好回答员工问题的准备。

第 9 章

衡量沟通的有效性

阅读本章，你将学到：

- 从各个维度衡量沟通的有效性。
- 撰写明确的调查问题。
- 实施调查。
- 将调查数据转化为可采取行动的建议。

关于沟通，你可能做出的最危险假设是什么？是你认为你发出了信息，员工就会接收、理解、接纳，并采取行动。

真相是只有一种方法可以确认沟通是有效的：衡量沟通的有效性。衡量沟通的有效性也能帮助你了解如何改进沟通。

很多人力资源和沟通专家容易忽略沟通有效性的衡量，这让人感到意外。他们认为衡量有效性太耗时间和资金，也太过理论化。(毕竟我们不是因为热爱统计学才选择我们的职业！)

作为两位非数学专业人士，我们向你保证衡量有效性没有那么复杂。本章，我们将向你介绍衡量沟通有效性的简单模式，说明在不同情况下如何运用这个模式。我们也将提供调查问题的例子和其他工具以及不应该做什么的建议。

定义有效性

当我们刚开启自己的事业时，人们认为沟通的艺术性大于科学性。当时最流行的观点是沟通非常主观，无法衡量。但我们知道有效性不仅仅是偏好的问题。你可以衡量沟通是否创造了知识、改变了想法和影响了行为。我们提出了图表 9-1 的模式，从五个维度衡量沟通的有效性。

维度	简单定义
行动	员工采取了恰当的行动，例如登记加入健康计划或完成了业绩管理表格。
信任	沟通影响了员工的看法；他们认为沟通内容是可信的、有益的。
理解	员工“明白”了：信息很明确、有意义。
满意	沟通满足了员工的需求；员工认为沟通很便捷、有帮助。
参与	员工获取或接收信息。

图表 9-1 衡量沟通有效性的五个维度

如何衡量每个维度呢？概述如下：

维度	衡量内容	衡量方式
行动	项目是否成功，例如员工参与的百分比和按要求采取行动的百分比	项目指标
信任	自信 态度 可信度/信赖 自豪	调查问题，例如：新的薪酬激励计划对员工的贡献给予奖励 __ 非常同意 __ 同意 __ 不同意 __ 非常不同意

理解	知晓关键问题 理解需要采取的行动	调查问题，例如：我知道如何使用公司新的旅行政策 __ 非常同意 __ 同意 __ 不同意 __ 非常不同意
满意	相关性 时间线 有用性/价值 数量和频率 参与的能力	调查问题，例如：HR 网站提供了有用信息 __ 非常同意 __ 同意 __ 不同意 __ 非常不同意
参与	打开邮件并点击链接 参加会议 访问内部网站	行动指标，例如网络数据和参会记录

当人们想到衡量时，通常认为就是调查。但是，你会发现并不是每个有效性维度都要让员工完成问卷来评估。事实上，当涉及参与和行动时，调查可能不真实：人们给出的答案往往比他们的实际行动要积极得多。例如，他们可能会回答每个月登录几次网站，但网站数据显示可能并不是这样。员工回应他们倾向于加入长期残疾福利计划，但衡量这种倾向性的唯一途径是查看员工报名的实际结果。

调查要点

如果你想通过调查来衡量员工的信任度、理解度或满意度，可按照以下七个步骤进行：

1. 创建关注点。

2. 选择正确的方法。
3. 提出好的问题。
4. 获得员工认同与参与。
5. 实施调查。
6. 分析并报告调查结果。
7. 沟通并采取行动。

创建关注点

如果你曾经做过主题杂乱、没有方向感的调查，你可能已经了解调查缺乏关注点的问题所在。调查设计者的初衷是好的，但在设计过程中他们失去了对问卷的控制。结果调查变得太宽泛，令调查对象困惑（很可能没完成就放弃了）。同时，调查组织者获得了大量关于不同主题的数据，很难根据调查结果展开行动。

只关注少数几个主题，设计一份简短调查问卷，获取你需要的结果，效果会更好。首先，你需要考虑调查目的：做调查的原因。调查目的回答了这个问题：我们为什么要做这项调查？结合沟通有效性的五个维度，以下是你可能会关注的内容：

- 对内部网站的满意度。
- 对健康计划选项的理解度。
- 绩效管理系统帮助员工管理职业发展的置信度。

选择正确的方法

最常用的调查方法是使用网络软件或在线服务（如 Zoomerang 或 SurveyMonkey）进行在线问卷调查。在线调查花费更少，速度更快，时效性较强。大多数情况下，在线调查的回复率比纸质调查更高。在你决定使用在线调查前，请思考以下几个问题：

- 你的目标对象是谁？如果不是所有员工都能很方便地上网，只通过邮件或网络发送问卷可能会忽略一些重要的员工。可以考虑使用打印问卷或将线上线下的调查相结合。

- 填写调查问卷花费多长时间？在线调查花费的时间比完成纸质调查要少，因为人们很难长时间面对电脑屏幕。如果你计划问很多问题，那么在线调查并不合适。你最好使用纸质调查，这样员工可以快速浏览所有问题。根据我们的经验，调查所需时间越长，你获得的回复越少。如果你希望得到较高的回复率，最好将问卷控制在一页（或一屏）内。

- 你的时间安排是怎样的？在线问卷发出、完成调查和统计结果所花时间较少。如果你的时间紧迫，在线调查更合适。

提出好的问题

调查的核心是问题。拟出有效的调查问题是一门科学：市场调研人员会学习人们如何回应不同的字词和短语。你不是调查专家，也应该确保提出的问题尽可能清晰具体。

大多数问题要具备以下四个属性之一：

- 你做了什么？（经历）询问员工以往的经历。在回答这些问题时，意见或信念并不发挥作用。例如："我上个月参加了全员大会。"

- 你认为或相信什么？（态度）想要衡量感情、看法或信念时，使用这类问题。例如："关于福利的内部通讯让我知晓了健康计划的选项。"

- 你了解什么？（知识测试）需要衡量意识或知识时，可使用这类问题。可以是自我评估问题或真实的知识测试问题。例如："我明白如何选择适合我的健康计划。”

● 你是谁?（人口统计学特征）你可将员工的工作地点、工作年限、工作类别或其他特点和他的回复进行对比，并与其他级别员工的结果进行对比。例如：“你在哪个区域工作?（东北、中西、东南等)”

无论你在撰写哪类问题，记住以下要点：

● 保持简洁。把你的词典收起来，忘记你所知道的所有花哨词语。

● 明确知晓你在问什么。定义不清或范围模糊的问题是个陷阱。也许你理解某个问题的含义，例如“你认为你有足够的信息来支持我们的战略吗?”但你的调查对象也理解吗?“支持”具体指的是什么?

● 只包含一个概念。将你的问题集中在有限的范围内。将两个问题合并成一个容易令人困惑。例如，如果你询问员工对“人力资源部门和员工沟通部门发送的电子邮件非常及时”这一陈述的认同程度，你实际上是在问两个问题。也许你感兴趣的是电子邮件，但员工对这两个部门发送的电子邮件可能有不同的感受。

● 避免使用专业术语或模糊的语言。不要使用调查对象可能不熟悉的复杂术语。

● 保持中立。避免使用影响员工做出特定回答的诱导性问题。诱导性问题会影响数据真实性。员工怎么可能不同意“我积极参与设定我的目标”，怎么可能认可“我从来没有足够的时间来参与职业发展课程”呢?

● 使用统一的 4 级量表。在调查问卷领域关于哪种量表最好的争论不断。从“非常同意”到“非常不同意”（中间为“保持中立”）的 5 级量表是最好的吗？是否应针对不同问题使用不同的量表？对稍复杂的话题，7 级甚至是 10 级量表更好吗？以下是我们发现的最佳量表。创建一个简单的 4 级量表（非常同意、同意、不同意、非常不同意），将所有问题设计为陈述句（“公开报名工具包回答了我所有关于健康计划的问题”）。去掉中间的“保持中立”选项；对于你提出的大多数沟通问题，员工都有明确的观点，不需要设置中立选项。在整个调查问卷中应使用相同的量表以确保问卷的统一性。

- 控制开放性问题的数量。过多的开放性问题或填写型问题将导致“问卷关闭”，即调查对象在完成问卷前就放弃了。问卷最多只设一个开放性问题。如果你认为应该有更多的开放性问题，那么焦点小组访谈是更好的选择。

（反面）案例：调查疲劳

艾莉森所在的一家专业公司曾做过一项关于公司的纸质印刷品和电子通讯的调查。艾莉森认为反馈是很好的方式，决定参与调查。

但是调查问卷太长、太宽泛，开放性问题很难完成。问卷包含 29 个问题，对于在线调查来说问题太多。更糟糕的是，开放性问题有 16 个，不是通常的“你有什么建议”这类问题，而是需要更深层次思考的问题。以下是一些例子：

- “列举你希望我们在杂志上提及的关于品牌和营销的至多五个问题或趋势。”
- “你最喜欢我们杂志的哪方面？”
- “你还订阅了其他哪些行业相关的电子通讯？”
- “你希望看到我们的杂志或电子通讯刊登哪些类型的产品或服务？”

只有最忠实的读者（或员工）才会花时间答完所有问题。大多数员工要么像艾莉森一样，只答几个问题，忽略其他问题，要么到了某个点就放弃了。用研究术语来说，这叫作“未完成”。

是什么导致了这个问题？至少有两个原因。第一，调查设计者希望用开放性问题探究更多话题。但调查问卷这种定量、封闭的数据生成工具是个错误的选择。正确的方式应该是定性分析，即焦点小组访谈法。

第二，设计者没有考虑调查对象的经验。如果设计者测试了调查问卷，就会发现完成这个问卷至少需要 15 分钟，很可能长达 30 分钟，就在线调查来说时间太长。

下一次当你尝试在问卷中加入开放性问题时，要考虑疲劳因素。

获得员工认同与参与

公司为调查做准备所花精力与设计恰当的问题一样多。如果事先没有充分沟通就开始进行调查，目标调查对象很可能不了解调查的价值，这可能对调查产生消极的影响。

根据调查范围，你应该关注以下三类主要调查对象：

● 高层领导者。让高层领导者参与进来非常重要，因为当你有了调查结果与建议后，很可能要敲响他们办公室的门。确保他们理解你将如何利用调查结果帮助公司经营。如果你需要他们的帮助，例如鼓励员工参与，应明确说明。你还应解释调查结果将如何被分享（以及对调查结果的使用预期）。

● 管理者。要求员工提供信息通常意味着管理者会收到问题。确保管理者理解时间安排、你希望实现的目标、员工将如何参与以及你希望他们做些什么。然后他们将做好准备等待调查。

● 员工。使用多种方式（电子邮件、打印资料、布告栏、员工会议、语音邮件、内部通讯等）提醒员工。通过不同方式多次收到调查的信息将使员工更关注调查。

对这些利益相关者设定调查期望时，你应该涵盖以下方面。

- 目的：进行调查的原因和你希望完成的事情。
- 话题：调查的主要领域。
- 后勤：目标对象以及原因，谁在负责执行调查。
- 方法：调查问卷将如何发放。
- 结果：调查结果将如何使用，如何决定变化和行动。
- 时间表：何时开始调查，何时分享调查结果。
- 益处：为什么要参与调查，对调查对象有什么好处。

实施调查

如果没有邀请到合适的调查对象参与，即使问题问对也没有价值。因此，认真思考你的“研究样本”或选择的调查对象非常重要。

首先确定你整体的目标群体。你要研究的是整个公司还是某个特定地区或部门？是全体员工还是特定员工，例如小时工？第一轮选择是你的“目标样本”或全体调查对象。

下一步是确定你的样本。如果是普查，选择整个公司作为样本；如果是随机抽样调查，选择公司中的代表群体作为样本。

当你想要包含目标样本或整个公司的所有人时应使用普查的方式。普查非常简单，让所有人参与即可，这也表明每个人的观点很重要。但是，如果你的公司人数众多或结构复杂，普查可能很难实施且成本高昂。而且如果公司总是要求所有员工参与所有调查，员工可能会觉得调查过度。

因此你需要考虑抽样调查。从统计学来讲，抽样调查很有效，专业调研公司通常采用这种方式。例如，当竞选团队想要知道美国选民会怎么做时，他们会随机抽取 1 000 人来代表全体选民。在你的公司，你也可以使用抽样调查这种物超所值的方式来为公司“把脉”。从员工数据库中系统地抽取姓名（常用的方式是每隔 10 人选 1 人），你就可以放心地获得代表所有员工的观点。

发放调查问卷

选好调查样本后，你就可以进行调查了。以下是管理调查流程的一些建议：

- 提供详细说明和联系方式。如果员工对问卷有疑问，可以及时联系。
- 为纸质问卷提供信封，方便回收。
- 告知员工完成问卷所需时间，尤其是当员工需要放下手头的工作时。
- 告知员工返回问卷的截止时间。不要预留太多时间，因为人们拿到问卷后往往会立刻填写。
- 对于在线问卷，不要在一页中包含太多问题。如果你使用了多屏页面，让员工知道还有几个问题要回答。

分析并报告调查结果

调查数据出来了！现在你必须将这些数据整理成表格，分析它们的意义以及能用来做什么。我们建议你花些时间充分理解这些反馈：

- 首先回顾调查目的和调查关注点。在分析数据的过程中，不断提醒自己需要了解的事情。
- 现在来看看每个问题的原始数据。如果软件将这些数据转化成了百分比，就帮你省了一步；如果没有，使用计算器（或请财务部门的朋友帮忙）计算出每个选项的百分比。

- 得出结论。我们发现最佳方式是与一位或多位同事合作。给每人发一份原始数据报告，然后将所有人聚集在宽敞的会议室。使用大号的便利贴，让每个人记录重大发现，每张便利贴只记录一个发现。将这些发现进行分类，并讨论这些结果说明了什么。讨论哪些结果符合你的预期，哪些不符合。
- 找到每个问题对应的结果，这些结果往往能说明一个共同的问题。例如，你可能会问内部网站对找到医疗计划的选项信息有多大帮助，也可能会问员工对一项新计划选项的理解程度。对比这两个问题的答案，你就能说明沟通在帮助员工理解新医疗计划上的作用。
- 根据不同话题组织开放性评论。将这些评论作为定量分析的补充内容。
- 找出五至七个关键发现，作为调查数据的主要结论。决定你要采取的措施；这些措施将成为你的建议。

➡ 创建调研报告

根据你的分析，创建 PPT 报告或 Word 文档报告。报告应涵盖以下内容：

- 介绍：说明调查目的。
- 调研方法：说明调查是如何进行的，包括以下要素：
  - 时间。
  - 抽样调查或普查。
  - 如适用，此次调查结果与前次调查结果相比如何。

- 关键发现：总结最重要的内容。
- 详细发现：关注细节，包括每个问题的结果。
- 建议：提出行动步骤，回答“我们应该做些什么来取得进步”和“我们下一步应该采取什么措施”这两个问题。

沟通并采取行动

有个步骤经常被忽略：将调查结果告知利益相关者，包括参与调查的员工。首先与领导者分享调研结果，以获得领导者对行动的支持。例如，你的调研结果显示需要更多的工具来帮助管理者进行沟通。你必须十分清楚数据如何支持需求——从员工偏好到目前管理者沟通的有效性。你还需要说明其对业务的潜在影响，例如更高的参与度。

员工需要确认你很重视他们的反馈。这不仅表明公司在倾听他们的心声，也鼓励未来更多的员工参与。大多数调查都需要花些时间来确定下一步行动，尤其是当投入资金较多或变化较大时。在调查进行之后的三至四周内，分享两到三个关键发现和进展情况，并且保证将不断更新进展。

➡ 一项福利调查

几年前，一家著名制药公司的福利团队想要了解员工对福利项目的感知，以及员工的沟通需求在多大程度上被满足。

这个团队向 8 000 名员工（从 60 000 名员工中选出）发起了调查请求；5 000 人完成了调查，回复率约为 63%。大多数员工完成了在线调查，这个团队希望工厂工人也参与进来，因此向两家工厂发送了纸质问卷。

以下是调查的关键发现：

- 员工认为关于假期、处方药和 401（k）福利等方面知晓得较多，关于退休金、PPO、HMO 和长期残疾福利等方面知晓得较少。
- 员工认为牙科、处方药福利等方面的沟通比其他单独的医疗计划更多。
- 66%的员工认为公司“向我提供了做出福利项目决定所需的足够信息”。
- 大多数人认为网络技术为福利事务提供了便利，但他们还是想减少对内部网站的依赖。

福利团队总结出，通过设计更符合员工需求的沟通工具来加深员工对关键福利项目的理解还有很大的空间。团队为此设计了针对公开报名的沟通计划，其中包括向员工家里邮寄报名材料。报名材料中包含员工了解较少的福利项目的更多细节，以及健康展会上的可选项目（包括养老金和长期残疾保险项目）、销售经理值守展位的时间安排。

检查清单

为正确衡量沟通的有效性，需要做以下事项：

- 衡量沟通的有效性时要考虑沟通的五个维度：参与、满意、理解、信任和行动。
- 将调查的重点放在你能采取行动的几个关键领域。
- 确保调查问题清晰、具体。

- 解释你的调研目的以获得支持。
- 考虑采取抽样调查的方式，而不是让所有员工参与。
- 分析调查结果时，花时间总结结论、寻找规律。
- 分享调查结果和你的行动计划。

第 2 部分

关键时刻沟通

第 10 章 招聘

阅读本章，你将学到：

- 用激动人心的方式描述公司文化。
- 让真实的员工讲述公司故事。
- 向应聘者提供方便获取的福利项目信息。
- 使用多种恰当的沟通渠道来接触每位有前途的应聘者。

我们只要最优秀、最有前途的员工

想要获得人才的公司往往会说只雇用“最优秀、最有前途的”员工。让我们先退后一步，思考一下这到底是什么意思。

在你的公司出类拔萃的员工，在我的公司可能并不是“最有前途的”。每一家寻找创新性人才的公司，甚至更多公司，都在寻找条理性强、注重细节的员工。很多公司对人才的需求介于左右脑之间。我们认为人才选拔并没有对错之分，只有最适合公司的员工。

事实上，如果你的公司规模很大，可能有很多“正确答案”来描述应聘者；使一家公司获得成功的人才素质和职业道德可能并不适用于另一家公司。

鉴于招聘失败会带来高额成本，你的公司需要花费时间和精力寻找具备知识、经验和专长的人才来确保招聘成功。这些人才还需融入企业文化。新员工需要通过招聘和入职流程（见第11章“入职培训”），在开始工作前了解在公司工作是怎样的。正式入职后，他们需要接受指导和辅导，获得信息和反馈，来确保他们顺利开展工作。

招聘沟通的关键步骤

你可以采取以下五个步骤，确保沟通成功地帮助公司找到需要的人才：

- 清晰展示公司及公司文化。
- 描述员工工作，突出员工特征以及“在这里工作是怎样的”。
- 创建工作岗位职责，准确描述每日工作内容。
- 向应聘者全面介绍公司福利。
- 在招聘沟通中使用正确的工具。

让我们进一步说明你可以如何实现这些目标。

➡ 招聘失败的代价

如果你调查员工流失带来的成本，会发现领导层、特殊技能人才和高级销售人员的流失成本达到薪资的150%～250%。

清晰展示公司及公司文化

我们先说“不要”做的事情：尽管听起来很诱人，但不要夸大公司的实力和福利。过分夸赞公司并不会使你的工作更容易，只能一时吸引员工，员工一开始工作就会感到失望。

我们发现可将招聘过程看作向潜在应聘者提供信息，以便他们选择加入或不加入公司。无论他们加入与否，都对公司有利。如果公司确实有某个方面吸引了应聘者，他会选择加入。相反，如果有某个方面使应聘者甚至不愿前来面谈，你可能也不希望浪费时间和人力去劝说他加入。

明确定义公司文化

艾伦·肯尼迪（Allan Kennedy）和特伦斯·迪尔（Terrence Deal）共同撰写了《公司文化：公司生活的礼节和仪式》（*Corporate Cultures*：*The Rites and Rituals of Corporate Life*）。作为麦肯锡前咨询顾问，肯尼迪喜欢把“公司文化”定义为“在这里我们如何做事”。

肯尼迪和迪尔指出，强烈的公司文化能平衡和指导员工行为，从各方面帮助员工做好工作。具体来说，强烈的公司文化：

- 是一套非正式规则，指明大多数情况下员工应该如何作为。
- 帮助员工对所做工作感觉良好，以使他们更努力地工作。

肯尼迪和迪尔认为并没有“放之四海而皆准”的企业文化。他们指出通用电气公司和施乐公司在20世纪80年代的企业文化完全不同，即使当时两家公司都非常成功，但要让通用电气公司的优秀人才在施乐公司也获得成功，可能性微乎其微。

清晰地表达你是谁

当你认真思考过你公司的真正意义后，用直白的描述性语言表达清楚。以下摘录了两家公司关于“我们是谁”的描述。

- 联邦快递：“指导联邦快递公司每一项行动的核心哲学是员工-服务-利润（PSP）：照顾好员工，员工就会为客户提供完美的服务，客户就会回报我们必要的利润以确保未来发展。员工、服务与利润这三个词是联邦快递的核心基础。联邦快递坚信员工是公司最重要的资产，备受鼓舞、认真勤勉的员工会为客户提供必要的专业服务来确保公司盈利和不断发展。”
- 宝洁公司：“宝洁公司注重诚信与品质。通过对彼此、对客户、对消费者和合作伙伴坦诚相待来建立信任。我们说到做到，言出必行。这就是宝洁与宝洁人的与众不同。作为一家‘由内而外建立’的公司，我们看到95%的员工从公司基层做起，随公司的发展而进步、成长。这不仅为员工创造了很多发展与进步的机会，也让宝洁人之间充满友爱，很多人脱颖而出、获得提升。”

描述员工工作，突出员工特征

要准确、积极地描述公司及“在这里工作是怎样的”，我们发现最好的方式是用员工真实的照片、视频和语录。

你可以列出你希望选择的员工背景（受教育程度、经验）等。如果你想让前和平队（Peace Corps）成员加入你的组织，就在你的招聘宣传中加以突出。人们喜欢看到“这里有人像我”，看到与他们学历和经验相似的人在这家公司受到重视，会让他们更加自信。他们会认为自己可能适合这个职位。

如何让员工用自己的语言讲述他们喜欢工作的哪个方面？问问他们。以下问题可以帮你在招聘沟通中获得所需的信息：

- 是什么吸引你做这份工作？工作的实际情况是否达到了你的期望？
- 你最喜欢工作的哪一方面？为什么？
- 你最不喜欢工作的哪一方面？为什么？
- 告诉我你一天的日常工作，假设你在向12岁的孩子讲述。（强调向12岁的孩子讲述可以让员工不用专业术语。）
- 你在工作中学到了什么？
- 你需要什么技能和能力来完成工作？
- 你的下一步职业发展规划是什么？你目前的工作对你下一步的职业发展有何帮助？
- 关于加入这家公司，你会给你的朋友什么建议？
- 关于如何在这里获得成功，你会给你的朋友什么建议？
- 是什么让你为公司感到骄傲？

我们发现可以用以上问题来询问全世界被挑选出来的员工，获得大量的可用语录。在一家国际金融机构，简向25位员工抛出了这些问题。大部分人同意“我们做的工作和与我们一起工作的人”是员工对工作最满意的地方。

事实上，我们研究招聘沟通已有多年，我们意识到“你要做的工作和与你一起工作的人”应该成为每家公司招聘沟通的核心。

➡ 谷歌是我们的榜样！

大多数与我们合作的人力资源专业人士要么喜欢谷歌，要么憎恶谷歌。当然，谷歌是“最佳工作场所”的典范，比我们大多数公司更整洁美观，其他公司很难与之媲美。（如果把生活比作高中，这就是返校节女王与我们普通大众的区别。）

我们喜欢观察谷歌的做法，看看有没有可取之处。在招聘沟通方面，可以学习的内容很多。

首先看看谷歌网站关于工作的标题："让我们一起工作"。网站上有真实的员工视频和工作描述，还有谷歌人才选拔流程的概述，信息非常全面，因为谷歌希望只雇用它认为会成功的员工。

我们也很喜欢谷歌描述的"为谷歌工作的十佳理由"，部分内容如下：

● 生活很美好。成为重要事情的一部分并致力于你可以信任的产品是非常有成就感的。

● 感激是最好的鼓励。我们打造了有趣的、鼓舞人心的工作场所，提供现场医生和牙医、按摩和瑜伽、职业发展机会、滨海跑道和各类小食等帮助你度过每一天，你会乐意成为其中一员。

● 工作和娱乐两不误。写代码的同时也可以过关斩将。

● 我们热爱我们的员工，我们希望员工知道我们的热爱：谷歌为员工提供多种福利，包括医疗计划、公司定制的401（k）计划、股票期权、产假和陪产假等。

员工语录如何增加价值

当你面试员工进行招聘沟通时，你会听到很多不错的关于公司文化、工作内容和其他方面的例子。以下是简获取的一些例子：

●"我的每一份新工作在我接受前都不存在"（来自时任董事长）。

●"这个行业需要进取心，因为我们经常需要尝试十种不同的策略来确保在一种策略上获得成功。"

●"你需要热爱数字，并且关注细节。你不能随意完成财务报告。"

●“创造性对于在问题出现前预见到、在问题突然发生后解决是很重要的。”

●“想要在这里获得成功，你必须富有进取心、善于发现机会并抓住机会。然后，与团队一起完成工作。”

●“在这里我们被推动着更加富有创新精神，我喜欢这种压力。”

➡ 约翰迪尔档案

能源设备公司约翰迪尔（John Derre）使用了一种简单的技术在网站的招聘部分突出员工特征。最上面是17位员工代表的照片。点击一张照片，就会出现这位员工的简介。例如，这张是马特，艾奥瓦州安克尼市得梅因工厂的成本会计，马特非常年轻、时尚（发型不错）和友好（笑容也很迷人）。

以下是马特分享的关于工作和公司的看法：

●“他们百分之百支持我。我有会计学士学位，也获得了注册会计师资格证书。约翰迪尔公司百分之百支持我，为我支付了考试和资格证书的费用。”

●“选择最适合你的。我在约翰迪尔公司财务部门工作，公司为我提供了财务发展项目。这是一个三年的计划，每年你可以在一个新的职位轮岗。轮岗为我提供了机会，让我去选择最适合自己的技能和兴趣的部门。”

●“留在公司是因为这里的气氛。在公司里大家紧密团结，每个人都能在保证高效的同时找到乐趣。同事们都很友好。可能这就是艾奥瓦州的气氛。”

创建准确的工作岗位职责

应聘者如何知道他是否真的想要这份工作呢？工作岗位职责描述了应聘者每天的工作。

关键是将法律上、技术上的描述放入你的人事文档，而不是创建一个只说给应聘者听的岗位描述。

以下节选自一份作为反面案例的工作岗位描述，为保护隐私已稍做修改：

我们在寻找商务或市场专家，该职位应具有战略和创新性思维，能自然地将复杂技术概念转化为与企业、商务和行业共鸣的结果导向描述。该职位将开发并驱动整个集团的沟通计划，以确保集团各部门信息准确、统一。沟通计划应明确该职位与高层领导者进行业务沟通的节奏，并符合整个集团的业务沟通时间安排。该职位将与高层领导者密切合作，以确保与组织、企业和行业的沟通（如内部通讯、电子邮件、展示等）具有影响力且完美执行。该职位将被指派负责内容、交付物、小样和具有吸引力的其他支持材料，与其他行政沟通保持一致，并强化公司故事以及对组织、企业和行业的价值主张。

你能想象出这样一个呆伯特式的人物吗？他从公司回到家，打开门，说道："亲爱的，我到家了。今天我推动了流程改进，明天我希望能展示我的技能，将复杂的技术概念转化为与……产生共鸣的业务结果导向的陈述。"

这份岗位职责描述包含的专业术语远多于信息，也没有说明这份工作需要什么专业技能。它也没有回答以下问题：责任是战略层面的还是战术层面的？这个职位的人将学到什么？这份工作能带来什么？

➡ 斯马克公司

相比之下，我们喜欢斯马克公司（Smucker）的岗位职责描述。（我们也喜欢这家公司制作果酱的方式，但那是另一个故事。）以下是客户服务中心助理经理的岗位职责描述的一部分。这份描述非常具体，能让应聘者详细了解工作内容，我们希望它可以鼓舞人心。

地点：俄亥俄州奥维尔市

汇报给：客户服务中心经理

工作范围：该职位主要负责协助客户服务中心经理通过辅导、培训、提供支持和职业发展机会等方式培养客户服务代表。同时，该职位负责完成支持部门运营的业绩目标，包括减少客户投诉、加强系统管理和维持服务标准。

主要职责：

- 发展/支持客户服务代表。
- 激励客户服务中心员工并使员工保持高昂的士气。
- 使用ACD统计数据、ePC结果和关于呼叫观察与数据输入准确性的质量审计，进行月度员工绩效评估。
- 协调部门内部、员工之间的冲突，以及本部门与各支持部门的冲突。
- 处理员工关系或绩效问题。
- 以身作则，正确处理客户投诉升级，并展示处理客户投诉升级应有的行为和技能。
- 审查客户服务代表的跟进处理以确保兑现承诺。

向应聘者全面介绍公司福利

你的公司提供完备的福利项目和政策以留住最有价值的员工。但是你可能忘记了，这些福利项目也可能会吸引潜在应聘者投递简历。我们发现不同的应聘者根据自身情况可能看重不同的福利项目。因此你应该确保公司所有的福利项目和政策都出现在你的招聘宣传中。

例如，孟山都公司的招聘网站包含“帮助忙碌的人过忙碌的生活”等内容，其中有公司向所有员工提供的福利计划的概述。网站提供医疗、眼科、人寿保险福利，养老金和股票认购计划，休假和其他关键政策的链接。

这些信息不如计划简介那么全面，但提供了足够多的细节使你知晓孟山都为员工提供哪些福利项目和政策。以下内容节选自牙科计划：

两种福利级别

牙科计划是为了帮助员工支付口腔护理费用。有两种级别可供选择：高或低。

高级别投保人每年可获得 2 000 美元的最高赔偿额。低级别投保人每年可获得 1 500 美元的最高赔偿额。高级别投保人可享受额外的 1 650 美元终身最高正畸赔偿额，而低级别为 1 250 美元。如果你使用网外医生，除了免赔额和共付额之外，你还需要自付覆盖范围内超出最高额的部分。

在招聘沟通中使用正确的工具

你肯定已经意识到招聘宣传最火热的趋势可以用以下几个字总

结：社交媒体。每天都有许多公司活跃在领英、脸书等社交网站上：在YouTube上发送视频，或在推特上（简短地）分享工作职位空缺或其他信息。

我们相信这些新的沟通渠道为找到候选人提供了有效的方式，但是社交媒体不能解决一切问题。第7章“选择正确的沟通工具”提到，你需要运用多种沟通工具（理解每种工具的最佳用途）来联系你未来的员工。

以下是使用社交媒体作为招聘宣传工具的注意事项：

● 保持简洁。推特上发文的字数限制是140个单词，内容简洁。以下是雷声公司（Raytheon）发布职位信息的例子：

“项目经理职位空缺，位于弗吉尼亚州阿灵顿市雷声公司”

“数据中心网络专员空缺，位于弗吉尼亚州罗斯林市雷声公司”

“雷声公司丹佛HW/SW邀请赛预报名（7月14日、15日）”

● 协调各种渠道。有些应聘者可能喜欢推特上的推送，有些可能是脸书的粉丝，还有人可能只上网搜索职位。确保你需要传递的重要信息覆盖各种渠道，包含传统途径，如招聘网站。

● 让员工参与。本章前面提到过，员工的面容和声音比公司传递的任何信息更令人信服。社交媒体中尤其如此，毕竟是社交沟通渠道。一些公司如德勤、惠普的招聘团队学会了站在舞台背后，将闪光灯打到员工身上。应聘者可以直接与在职员工对话，确信他们了解到了真实情况。这很给力。

➡ 通过短视频获得稀缺人才

一家全球制药公司发展迅速，需要在各地分公司雇用几百名员工。公司的策略是记录、拍摄在职员工的热情，发送到社交媒体上。他们让员工对着镜头，说说为什么在这里工作（好的、不好的甚至糟糕的情形）。公司发起了一项内部竞赛，让员工投票选出最喜欢的视频，然后将这些“员工创意”对外发布（通过脸书、谷歌等）来吸引新员工。

为了实现目标，公司向所有分公司发放 FLIP 摄像机 125 台，由各地的行政助理来管理摄像机的借用。（平均每 50 名员工使用一台摄像机。）这项计划是自发的，最后公司收到了来自 28 个国家的 132 个视频。“这真的是一项有趣的活动。”沟通负责人说道，“尽管这项计划不是我们获得成功的唯一原因，但是它发挥了重要的作用，我们最终实现了招聘目标。”

检查清单

如果你真的想要为公司吸引最好的人才，以下是帮助你有效沟通的建议：

● 参考你欣赏的公司网站上的招聘信息。将它们提供的职位、描述就业建议的方式与你公司的进行对比。你可以做些什么来改进人才招聘宣传？

● 让员工发声，让符合你招聘要求的员工成为主角。不要局限于单一的方法，这早就过时了。

● 如果你的公司需要花几个月的时间来做出一项决定，让新员工知道这一点；不要粉饰公司文化中你认为可能不吸引潜在员工的部分。如果员工入职后很快离开，就会造成双输的局面，会浪费公司的时间和金钱。

第 11 章

入职培训

阅读本章，你将学到：

● 帮助管理者理解其在入职培训中的作用，为其提供获得成功所需的工具。

● 制定有效的入职培训计划。

● 安排入职培训，使员工熟悉公司业务，并激发他们的工作热情。

欢迎入职！

好消息是你为公司的空缺职位找到了非常合适的人选。坏消息是新员工未必知道怎么把工作做好。“领导力智商”（Leadership IQ）这家培训公司的研究表明，只有 19%的新员工能够在前 18 个月里取得显著的成绩。

你怎样做才能提高成功的概率呢？答案是开发一种有效的入职

培训方案。通常来说，人力资源经理非常重视入职培训，把它看作必要的过程，不管采取何种方式，新员工都要参加入职培训，了解有关公司的基本信息。

员工培训非常重要，但要想使员工胜任工作，只进行入职培训是不够的。因此，需要开发一种更加全面有效的入职培训方案，并且能够获得管理者和员工的理解和支持。（一些公司把这种方案称为“上船”，意为“把新员工扶上船”。）

这种方案很重要，因为入职培训不是一朝一夕的事；要慢慢来，从新员工入职开始，直到他完全胜任自己的工作。

- 对某些职位来说，入职培训可能只需不到一天的时间，因为新员工一上岗就能很顺利地开展工作。

- 对于一些要求具备专门技能或经验的高级职位来说，培训可能需要更长时间（可能为六个月到一年），并且需付出更多的努力（但我们必须说这很值得。）

本章的重点是入职培训的沟通要素部分：向管理者解释培训计划，制定入职培训方案，进入实施阶段。

前期准备

在过去几年中，我们花费了大量时间倾听员工的意见——包括新员工和已经工作了一段时间的员工。我们了解了一些员工特别是新员工感兴趣的问题。制定入职培训方案时考虑以下问题，有助于员工找到他们寻求的答案。

- 我们公司主要做什么业务？我们如何才能在竞争中生存？
- 我们公司有怎样的历史？

- 我们公司的使命（我们存在的意义）和前景（我们发展的方向）是什么？
- 谁是公司的负责人？我们目前的业务结构是怎样的？我们的管理团队有哪些人？
- 这些东西为何会引起我的注意？和我有什么关系？
- 我怎样才能在这里有所成就？

正如每个沟通方案那样，制定一个有效的入职培训方案要从调查研究开始。就这个项目来说，最好的研究方法是定性研究，即组织一场与员工之间的开放式对话。以下是可以尝试的一些技巧：

- 广泛询问不同业务和部门的人力资源专家，请他们回答新员工要成功需要哪些信息。
- 找出新员工第一年就离职的原因。
- 公司的成功人士组成一个焦点小组，帮助总结什么经验和信息对新员工最有帮助。
- 采访高级经理，了解他们希望每个成员清楚公司的哪些方面，这些方面与公司的成功有何关系。
- 与重要职能部门（例如市场、信息技术和法律部门）的代表交谈，看看他们想让新员工了解各自领域的哪些内容。

在以上研究的基础上设置培训过程和方案的目标，然后组织内容，传递信息，而且要知道你怎样能获得反馈。

“我的第一周”

当你想进一步改进入职培训方案时，可以问这样一个非常有用的问题：“你进公司的第一天或第一周记忆最深的是什么？”艾莉森的公司最近在入职培训项目中向一组新员工提出了这个问题，答案中有褒有贬有辛酸，暴露了入职培训的不足与疏漏。下面是其中的一些答复：

- “第一天工作时没有电脑，什么都做不了。”
- “那个小房间完全是为我准备的：电脑、办公用品、工作电话，等等。这让我觉得部门希望我留下来。”
- “工作开始的前两个星期经理安排我见一些重要人物。这些会面太好了，使我很快熟悉了工作，并且与我生命中的这些贵人建立起了良好关系。”
- “有人把我带到会议室，除了要看一摞人力资源文件，还要填一堆表格。我当时想，‘这未免也太多了，待会我得问问这是怎么回事’。”
- “我接到录用通知后就搬家了，所以第一天上班时需要在线重新填一张家庭住址表。我花了两个小时才找到表格并弄明白如何填写。”
- “同事们为我举办了一个欢迎仪式！整个团队的人都站在门口欢迎我。午饭时老板为每个人订了比萨。那天结束的时候，我感觉自己与同事已经非常熟悉了。”

管理者要明其责

与大多数公司一样，你们的研究也会显示开展入职培训时最重要的人就是新员工的管理者。即使你们公司有一个非常完备的运行体系——涉及人力资源、设备设施、信息技术和其他职能——管理者仍然是把所有这些要素黏合在一起的胶水。下面就是管理者要做的工作：

● 与其他人员合作确保新员工得到基本物品：工作空间、电话、电脑、员工编号，等等。

● 帮助新员工了解公司对员工负有哪些责任和义务以及员工对公司负有哪些责任和义务。

● 把新员工介绍给将在一起工作或打交道的人。（由于大部分工作需要合作完成，新员工从第一天开始就要与他们交流，这些人对新员工的成功非常重要。）

● 给其他同事发邮件，告诉他们将要来位新员工，并把新员工的工作经验、技能和专长等大致介绍一下，可能的话透露有关新员工的一两件有趣的事情。这样新老员工见面时就不会找不到话题。

● 给新员工分配力所能及并能锻炼能力的工作，对其工作情况及时给予反馈，确保其工作有条不紊地进行。

● 制定目标并给予指导，帮助新员工取得成功。

为了让管理者更容易制定有效的入职培训方案，首先要清楚地描述管理者的职责。不要想当然地认为管理者参与了新员工的招募，就会了解员工对公司负有什么样的责任和义务。

➡ “我们应该做些什么？”

最近我们在一家全球工业公司组织了面试，并和焦点小组讨论决定怎样开展新员工入职培训工作，以及怎样开发新材料来指导入职培训。我们同公司的人力资源代表、管理者和最近聘用的新员工进行了交谈。我们得到的信息如下：

● 人力资源代表认为入职培训是管理者的职责。“但是管理者并不知道这是他们的工作，”一位人力资源代表说，“所以最终由我们来填补这个漏洞。”

● 管理者知道他们应该参与入职培训，但并不清楚要做什么。那些定期招募新员工的管理者做入职培训工作如鱼得水，那些只是偶尔招募新员工的管理者则显得捉襟见肘。

● 与我们交谈的所有管理者都要求给他们“剧本”。有位管理者说：“我想准确地知道培训方案怎样进行，我需要哪些工具，这些工具是否随时可用。”

● 新员工感激他们得到的所有帮助。“开始一份新工作是一种极好的体验，”一个新入职的工程师说，“我珍惜管理者与我会面的每一刻。我知道他很忙，所以我很乐意使用在线培训、网站链接和背景材料。”

我们的建议是公司不仅要重视开发入职培训的工具和资源，而且要更清楚地定义各种角色，如人力资源专员、管理者和员工，这样每个人都知道公司对他们的期待是什么。

行动是关键

我们要定义管理者的角色，但不要长篇大论。管理者是以行动为导向的。他们最想问的是：“我需要做什么？”（他们不会问使哈姆雷特犹豫不决的问题“生存还是毁灭？”）所以，正如我们在那个工业公司听到的：管理者想要一个“剧本”，能够指导他们行动的剧本，包含培训新员工的步骤、支持实施计划的工具和信息。

我们发现，由于管理者按日程表安排工作，提供信息最好的方式就是制定日程表。毕竟所有的培训过程是从入职第一天开始，到新员工完全胜任工作任务结束。所以管理者需要知道什么时间必须做什么事。

这个日程表应该覆盖整个入职培训过程，并且包括培训过程中需要做的所有事情。

图表 11－1 提供了你可能想写入日程表的部分内容。

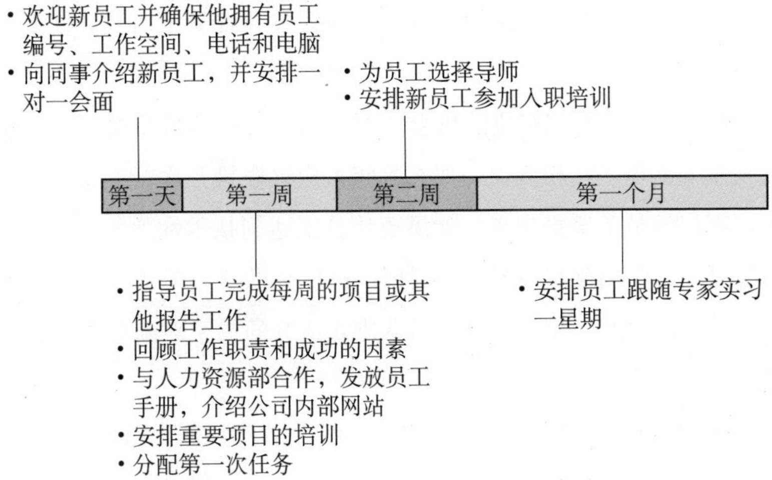

图表 11－1　管理者的员工入职培训日程表

特殊的一天：入职培训计划

入职培训计划不是一个新概念。公司创立之初，人力资源部就开始实施这一计划，邀请新员工花一天或更长时间了解公司、公司产品或服务，与上级领导会面，了解“我们是如何工作的”。

虽然入职培训工作开展已久，但并不是没有改进的余地，还能提高效率。一些明智的公司采用以下五种方法为入职培训注入新能量：

- 对入职培训计划需要完成的任务有清晰的认识（即目标）。主要是让新员工了解公司？让新员工体验公司文化（即我们怎样一起工作）？了解他们的工作对公司全局战略的作用？要有点有面，主次分明。

- 不要认为入职培训能够包含新员工要了解和要做的所有事情。例如，新员工要填写表格，这种事情可以安排在其他时间，甚至在工作之前完成。

- 给新员工互相交流的机会。如果你想打破业务小组互相隔离的状态，让员工互相认识，那么每年都应该安排几次员工培训，把不同部门的员工聚集起来。如果要让员工达到技术娴熟的水平，可能就要在部门内部组织更多的培训。确保你的日程安排中有“让我了解你”的时间。刚入职时与同事建立良好的关系对新员工和公司的成功都很重要。

- 要考虑虚拟培训的利弊。如今网上学习和网上/视频会议增多，不需要一个涵盖所有信息的实际培训方案。你可以选择把部分入职培训的内容转化为虚拟式的体验。在网站上创建一个培训模块，日程表上不再安排入职培训，这确实很有诱惑力。但是请不要这样做。新员工接收的最重要的信息往往来自面对面的交谈，而非用鼠标点击链接。在这里，调查研究会再次帮助你决定什么东西适合放在网上，什么东西需要面授。

- 打破传统的令人厌烦的日程安排。如果新员工不得不整天坐在自己的座位上听演讲、看演示文稿，他们不会对公司感兴趣。公司投入较高的成本把新员工招募进来，入职培训不应是消极的活动，应该是激励人奋进、积极参与的体验。

入职培训的新形式

如何才能打破演示文稿的限制？假设让员工学习一些重要的内容，不要像往火鸡肚子里装东西那样把信息塞到员工的脑子里！（顺便说一下，人们更喜欢面包加香肠。）

不能取消各类讨论或沟通活动，这些是分享信息的有效方式。公司可以通过设计以下环节让员工参与、探索和聆听，使培训更具互动性和活力。

问题	可以安排的活动
我们公司做什么业务，我们怎样在竞争中生存？	把它当成一个游戏，发放“有价值的奖品”（如印有公司标志的衣服或可在当地餐馆就餐的礼品卡）。以下两种活动方式都适用：危险游戏或网络寻宝游戏，让各个小组展开竞争，在公司的局域网和互联网上搜寻信息。
我们公司未来的发展方向是什么？谁是负责人？我们目前的业务结构是怎样的？我们的管理团队有哪些人？	邀请一位高级经理做嘉宾。他要做一场演讲，分享自己的故事，讲一讲“我工作的第一天”和“在公司取得成功的五大经验”。鼓励新员工提出最具挑战性的问题，并奖励提出最佳问题的员工。
我们公司的价值观是什么？	邀请四五个不同水平的老员工组成突破性小组。每个组都要展示他们探究某种价值观的方案，并询问新员工面临的挑战。新老员工共同讨论解决方法。
我怎样才能在这里获得成功？	这又是一个让员工分享自己故事的很好机会。 安排一次公司全体员工的网络会议或电话会议，就像电视脱口秀，你是主持人。提前给员工准备些问题以确保会议顺利进行。例如，“成功的人具有什么特点？你面临的挑战是什么，你是怎样应对的？”问题要包括负面内容，如“做什么会被解雇”，这样新员工对在公司工作中的成功和失败就会有一个清晰准确的定位。

有趣的事实

有一年简举办了一次入职培训，培训一开始，她就给在座的各位一些积极的反馈。你举办入职培训时会发现这个方法很有用。简说：

为了让你们知道你们有多么独特，我想跟你们分享一下我们招募过程中的一些统计数据。每年，我们在美国要面试 62 所大学的学生，纽约的招募办公室会接收 15 000 份简历，这些都是想得到这份工作的人投的。通常，我们面试的 14 个人中只有 1 个被雇用。今年年底，我们将从世界各地招募 1 300 位专业人员，其中 900 位来自美国。我们还将从世界各地招募 600 名管理助理，其中 300 名来自美国。我们招募的管理助理和专业人员中超过 50%是研究生。

➡ 范例：致盛咨询公司对新员工的投资

我们介绍一个对入职培训非常重视的公司：致盛咨询公司（ZS Associates)，一个专注于销售、市场策划咨询和外包的公司，其 20 个办事处遍布全球，员工超过 1 500 名。

20 世纪 80 年代早期致盛咨询公司成立时，新员工很容易进入角色，因为所有人都在同一个办公室工作，每天都与公司的创始人交流。随着公司不断发展壮大，公司需要付出更大的努力以使每个新员工都熟悉公司业务和运行方式。

于是公司启动了新员工入职培训项目。今天，不管是在美国伊利诺伊州的埃文斯顿，还是在印度的浦那或新德里，公司总部每年都会举办 7 次为期一周的入职培训。致盛咨询公司人力资源总监杰夫·格里斯（Jeff Griese）说，新员工入职培训的目标很简单，即“让我们的文化更加活跃生动”。

新员工入职培训的要点如下：

● 关注公司的三个重要方面：“我们是谁”（传统、历史和文化），“我们做什么”（服务、客户和市场），以及“我们怎样做”（实践和流程）。

● 高层领导积极参与培训，包括公司创始人安迪·索特纳斯（Andy Zoltners）教授和普拉巴·辛哈（Prabha Sinha）教授以及管理经理杰迪普·巴贾杰（Jaideep Bajaj）。“能够有机会见到高层领导，聆听他们分享的故事以及关于公司的评价对新员工意义很大。”格里斯说。

● 能够有机会了解其他新员工，还有领导以及同事。每次新员工培训都会有晚会等社交活动，当地办事处的所有员工都会参加。

● 提供机会让员工模拟与客户交谈。新员工培训包括一个附加的模块“快速启动”，就是给有工作经验的新员工一次机会，让他们在短时间内解决一些常见的客户难题。由公司的领导扮演客户角色，员工会有很大压力，不过“快速启动”也增加了员工的情感交流体验。

● 要清楚新员工培训不必涵盖哪些方面。培训计划的重点是公司的发展，致盛咨询公司对其他内容会另做安排。例如，员工在正式工作之前都会被邀请参加网络会议回答一些问题，包括从“我应该几点到公司上班”到“我应该穿什么样的衣服”，公司会另外安排一个网络会议让新员工讨论福利、工资和其他人力资源问题。

给新员工的积极反馈

新员工怎样评价致盛咨询公司的员工培训？反馈是非常积极的。以下是抽样调查的结果：

- “能够有机会听到创始人讲话是非常鼓舞人心的。这次培训让我了解了公司的背景和目标，明白了我的职责。很高兴培训的前几天是安迪和普拉巴做演讲。他们的到场给我留下了良好的第一印象。”
- “这次演讲发人深省，让我对致盛咨询公司的文化持积极的态度，这种感受是以前看过的有关致盛的资料所不能比拟的。”
- “这些训练在实践中很有用——这次会议互动很好，能够集中我们的注意力，也帮助我明白致盛咨询公司对员工培训所抱的期望。”
- “这种模拟项目对我们很有帮助，因为我们在实践中要用到这些方法。开始工作时我感觉轻松多了。”
- “有关四个主要项目区域和助理职责的培训内容帮助我解决了好多问题。”
- “非常好的一次会议，让我对公司充满信心。”

很明显，新员工入职培训是一项成本很高的投资，但事实已经证明了它的价值。“让新员工尽可能快地适应工作，并在正确的方向上前进很重要。”格里斯解释道，“很明显，新员工入职培训只是这个旅程的开始——我们的管理者花费了大量时间培养员工——我们发现良好的开端会对客户产生更快更大的影响。”

检查清单

为有效做好入职培训，需要做以下事项：

- 考虑新员工需要了解的公司信息、产品或者服务，公司历史以及其他基本信息。
- 咨询重要的利益相关者——包括高层领导、管理者和现有员工——怎样才能使新员工的培训经历有意义。
- 确保管理者明白他们在员工培训中的角色。
- 给管理者一份清单或一个“剧本”，告诉他们需要做什么，包括背景资料和资源。
- 入职培训计划要重点清晰、主次分明。
- 寻求突破，不局限于演示文稿，创建另外一种能够调动员工积极性的培训方法。

第 12 章

政策

阅读本章，你将学到：

- 用通俗易懂的语言描述政策。
- 编写一本能够描述公司所有政策的员工手册。
- 把政策落到实处。
- 利益和政策发生冲突时帮助员工找到解决办法。

如果工作上的某些事情能让你早晨从床上一跃而起，那肯定是“沟通策略”没有到位。当然你非常清楚让员工了解人力资源方面的政策并且照此执行是多么重要，例如带薪休假政策和着装规定。问题是政策沟通一直是平衡各方利益的行为。一方面，政策要简单明了，能够让员工真正理解并付诸行动；另一方面，政策必须足够准确和完备（例如，法律部门的政策）以保护公司的利益。毫无疑问，有时你感到头痛，想逃避问题！不用担心，我们会帮助你解决这些政策难题。

公司与员工之间的相互职责

一家提供法律模板和表格的美国公司 USLegal 认为，人力资源政策是“公司用来实施招聘、培训、评估和奖励公司员工的正式的规章和方针”。我们把政策看作一种协议：它告诉员工公司对他们的职责以及员工对公司的职责。

“如果用一种简单的方式制定和发布……政策能够避免公司与员工之间因为各自的权利和义务产生误解。”这家美国公司如是说。我们不可能概括得比这更好。

说到法律事务，你会希望从就业法专家那里获得一些建议来和雇员就某些话题进行沟通。法律语言与日常交流语言不大相同，虽然容易理解的语言有助于进行有效的人力资源沟通，但最好能以一种有趣易懂的方式描述公司的福利政策并且符合法律要求。

政策要言简意赅

还记得 1984 年的电影《小魔怪》（Gremlins）吗？在一次去纽约出差的途中，父亲停在唐人街给儿子买了一只毛茸茸的宠物，它叫魔怪。店主称饲养小宠物有三条规定：不要让它接触水；不要让它见到阳光；千万不要在午夜后喂它。但是儿子不小心把水溅到魔怪身上，导致它不断繁殖，产生了很多胞弟。这些小动物会在午夜后找东西吃，它们随后变成了有鳞的怪兽，即小魔怪，小镇陷入一片混乱。

政策的形成同这个故事很像。它刚开始是个小萌宠，看起来很可爱，也容易照料。你把咖啡溅到它身上后，它就成倍增长。如果某天晚上你工作到很晚，把一包多力多滋落在办公桌上——后面的事你就可以想象了。

我们曾帮助一家公司的人事经理编写一份行为指导手册，单是梳理公司的政策就花费了大量时间——共有66项之多。以下是其中一部分：

- 假期。
- 陪审义务。
- 服兵役假。
- 度假。
- 职位申请。
- 搬迁。
- 给员工送花。
- 性骚扰。
- 利益冲突。
- 公告板。
- 药物滥用。

怎样才能清楚说明每项政策并且言之有理呢？怎样把所有政策编排好以便员工需要之时随时找到呢？我们建议从创建员工手册开始。

员工友好型手册

我们认可这样一个前提：政策是就业的一个重要组成部分，所以我们应让员工手册简单易懂，甚至让员工学得津津有味。

一本员工手册可以起到这种作用：它帮助新员工理解前行路上的规则，也为老员工提供一种参考——通过手册可以查看休假时间、参观公司总部该穿什么衣服。总之，员工手册提供了有助于员工成功（也有助于公司成功）的信息。

手册不应是大部头，也不必耗资巨大，甚至不必是打印的文件——可以公布在公司的局域网或发送电子邮件给员工。

但是这里要提出有关创建员工手册最重要的一点：不能太吓人。是的，一本手册必须保护公司不受法律问题的困扰，但是它不必充满专业术语或者法律条文。它应能够吸引员工，而且让他们感到放松与欣慰，不要让他们因害怕而半夜惊醒。

➡ 我们的幸福手册

大概十年前，艾莉森的公司——戴维斯公司（Davis & Company）发展壮大，需要以一种更加系统的方式制定和沟通公司政策。我们都知道鞋匠的孩子没鞋穿：我们为自己创建的东西必须能够服务于我们的实践。

因此，我们创建了第一本员工手册。之后，我们多次修改。今天，我们为这本员工手册感到自豪：我们认为它是小型公司员工手册的典范。

我们来介绍一下这本手册。手册包括三部分内容：

- 关于本手册。
- 精诚合作。
- 公司福利。

在“关于本手册”部分，你会发现一张表示欢迎的图片和以下句子：

欢迎使用戴维斯公司员工手册。这本手册包含作为戴维斯公司员工需要了解的政策、福利和基本信息。

公司成立以来，戴维斯一直致力于营造一种有趣、友好的氛围，吸引众多有才之士竭诚为我们的客户服务。

这本员工手册以一种简单易懂且可视的方式提供关于公司政策和福利的最详尽的叙述。手册里的信息简短，因为我们的公司文化不是一个受到各种条条框框约束的文化。

至于法律措辞方面，这本书仅用作指南。这不是一份合同，不管明示的还是暗示的，可以随时修改。

概括来讲，这本手册讲述了公司的工作状况，以及新员工期望了解的内容。手册尽可能清楚地向员工说明公司政策，语气和缓。例如：

着装规范

员工代表公司时，着装要得体。访问客户时，要考虑到客户的礼仪文化，穿着要得体。客户访问公司时，穿商务便装。

病假、事假和迟到

如果突发疾病、遇到其他紧急情况或迟到，请提前或及时给负责人员发电子邮件或打电话到办公室（或者让其他人帮你打电话），或者在工作日一早就请假。接到你电话的人会在电子日历上做记录，并通过电子邮件通知相关人员。如果你脱岗超过两小时，在你的考勤表上会做记录，但不会扣薪水。

带薪假期

戴维斯公司将正常工作情况下员工的各种类型的脱岗做了归类——假期、节日、病假、事假和其他各种非公务事项。这些脱岗以两小时为单位，从你的带薪假期总量中扣除。脱岗时间不到两小时则应在一周内补上。

[这是介绍部分，且看后续内容。]

准备工作要充分

如果你开始创建员工手册，可以尝试以下方法。

首先，做好功课。开展以下方面的调查研究：

● 员工和经理。发现他们有关对方的盲区。问一下："你希望在工作的第一天知道些什么但是最终没有了解到？"

● 计划设计者、呼叫中心等。你的员工还不知道什么，需要知道什么，怎样才能做得更好？员工出了什么差错？

● 公司规划、程序和计划经理。找出公司哪方面做得好，哪方面做得不好，关于项目你希望每位员工知道些什么。

● 员工调查或调查问卷。你从员工对公司规划或程序的误解中看到了什么趋势？

● 高级经理。他们希望每位员工知道什么，去做什么，以及希望员工有什么样的感受？是什么让他们现在这么兴奋？

找出公司哪些方面运行良好，哪些方面运行不好，是个事半功倍的开端。踏踏实实地工作，真诚地与人沟通，你可能就是改变公司的人——令公司运行不畅的部分发生改变的那个人，这非常棒！

设定目标

根据你在调查中了解到的信息，为员工手册设立三个总体目标，并且决定你将如何衡量每个目标。例如：

如果你的目标是：	你可以通过以下方法衡量：
帮助员工使用公司项目和服务	追踪每位员工对不同项目的使用情况或者衡量使用的总体增长情况
减少因员工在医疗索赔上的错误导致的旷工时间（产量下降）	衡量纠纷中错误的比例，并设立把错误减少到一定百分比的目标（这个目标要能提高产量）

汇集内容

现在可以汇集内容了。一本员工手册通常要包含人力资源管理的信息：政策、福利以及有助于公司吸引和留住人才的项目。

最理想的是员工手册包含有关公司所有方面的信息：信息技术、设备、法律、人力资源、营销、公共事务、投资人或股东关系、培训、社区关系。所有职能部门都能为员工提供信息，帮助他们把握全局，充分利用每个部门提供的服务或资源。

员工不会认为公司项目和服务来自公司内部不同的职能部门，而会认为它们都是来自公司。每个职能部门都编写一本员工手册不现实，也会让员工压力很大。无论是纸质版还是电子版，用统一的版本描述所有职能部门的服务和项目要好得多。

员工手册的组织编写要讲究实际

收集了所有背景资料以后，你就可以开始组织编写了。你可以按不同的标准来组织材料：

- 按时间顺序组织材料（从开始工作到退休）。
- 按字母表顺序排列各项政策。
- 按重要性顺序或价值顺序（按重要性依次递减的顺序）排列信息。

- 成本顺序（从高到低）。
- 人生大事（第3章“计划与管理沟通”的专栏“破坏树木的真相”里有更多信息）。

一旦确定了所有内容和组织方式，为这些内容确定一个涵盖面更广的标题会更吸引读者。下面举一个例子说明。

➡ 金融服务公司

简为一家小型金融服务公司设计了员工手册。这家公司做员工手册的目的是降低员工流动率。这本小册子只有简单的12页，可以用来招募、培训，也可作为在职员工的信息资料。手册封面内页写道：“为了乘胜前进，我们致力于吸引、激励服务行业的人才长期和我们一起工作。”

这本手册是按重要性递减的顺序组织的，以薪酬开头，然后按一定的顺序组织标题，最后以员工退休结束。以下是内容概述：

创造自己的财富

- 薪酬体系
- 基本工资
- 年度激励政策
- 401（k）计划
- 员工股票购买计划
- 销售激励奖金
- 公司产品和服务折扣

健康保健

- 医疗和牙科计划

- 医疗保健、儿童保健和老人保健报销账户

未来保障

- 人寿保险
- 被抚养者人寿保险
- 短期和长期残疾保险
- 公务旅行意外事故保险

能力培养

- 公司培训项目
- 学费补偿项目
- 员工子女奖学金

平衡工作和生活

- 假期、节日和个人时间
- 产假和病假
- 结婚礼物计划
- 员工帮扶计划
- 家属护理
- 教育配套礼物

退休保障

退休计划

为自己投资

（当你有资格并且拿到工资时，就可以享受公司福利。）

简以两个方面为基础来组织手册内容：（1）公司能提供什么；（2）员工关心什么。然后是一系列并列的小标题，每一个小标题都以动名词开头。仅仅看目录就可以了解公司文化和工作思路。

其他组织方式

我们创建的另一本员工手册里将信息按以下顺序组织，从最基本的开始。

- 工作环境。
- 入门指南。
- 开始工作。
- 薪酬。
- 员工福利、项目和服务。
- 休假。
- 问题解决。
- 离职。
- 资源。

另一本员工手册，我们是这样组织内容的：

- 如何工作。
- 开始工作。
- 薪酬问题。
- 休假。
- 员工福利。
- 问题解决。
- 离职。

广泛收集信息

不论公司采用何种形式组织员工手册，谨记以下内容：员工需要你们的帮助来找到他们需要的信息。即使你在管理者和员工中做了调查，并且把信息集中在一本手册里，一些员工还是会在“薪资”栏中寻找关于“人寿保险”的内容，而不是在“福利”栏中去寻找。或许他们并不认为“生病”属于休假，所以他们绝不会在“休假”栏中寻找相关信息。

你需要做三件事来让员工更容易找到所需信息：

● 在手册最前面（如果是电子手册，就在首页）创建一个详细的内容列表。不要仅仅列出“福利”；要罗列一些具体的信息如“视力保健”或者“学费报销”，并标注页码（如果手册是纸质的）或附带链接。

● 如果手册是纸质的，要加上索引。出版商告诉我们大约 50％的人到目录里寻找标题，而 50％的人首先找索引。所以你的手册里二者都要包含：要保证所有的读者都能很容易地找到他们想要的信息。

● 如果手册是电子版的，要保证查找功能良好。与信息技术部门或供应商合作，努力保证内容标题合适。这样，员工就可以在搜索框里键入“公司信用卡”，直接进入他们需要的页码。

保持语言的通俗性，不要用法律术语

编写员工手册时，大声读出来，听听像不像两个人在交谈。如前所述，你不希望员工手册听起来像一位律师写给员工的吧（即使你在处理法律业务）。

越来越多的员工控告自己现在或之前的老板，但这些员工仅占手册读者的很小比例。你这是在为大多数员工准备手册——那些永远不会控告你的优秀员工。不论你怎么做，总会有人发现问题。重要的是能够鼓励大多数员工好好工作。

在公司中分享成功的秘诀，包括引用员工的话（还有照片），是一种很好的方式。例如，我们创建的一本员工手册引用了一位员工的原话："我们在公司从来没有遇到过问题，有的只是机会。"（员工在陈述时着重强调问题和机会。）如果你引用员工说的话对如何在公司取得成功给出建议，你就不仅仅是在传授经验，你也是在认可这些员工所取得的成就。

➡ 关于工作证件

简创建的员工手册有一部分是关于工作证件的。以下是某份员工手册的前两段：

你加入我们公司，在工作期间会有一个工作证件，上面有你的姓名、签名、员工编号和一张近期照片。

你工作时应该佩戴工作证件，只有戴着证件才能进入公司大部分部门，它也是享受一些员工服务的资格证明。

员工手册有助于倾听员工的心声——员工之间的对话。这是你应该努力听到的声音：员工与同事分享经验。

鼓励员工把员工手册当作资源

分发员工手册的最佳时机是在入职培训期间。如果可以的话，让员工熟悉手册内容的最佳方式之一就是在入职培训期间举行一次比赛，让各组员工在手册里找到某些问题的答案。最先找到所有正确答案的小组获胜。

教育专业人士说，给某人一种资源，这个人在拿到资源后一小时内若实际使用了这种资源，再次使用的概率就会大大提高。

为员工手册加个标题

“精诚合作”作为员工手册的标题效果很好，这表明我们有共同的目标，而且对我们在工作中怎样合作达成了共识。

下面是员工手册可以采用的其他好标题：

- “如何在××公司获得成功”
- “××公司是一个好公司的 73 个原因”
- “你如何发挥自己的才智使公司绽放光芒”（和公司广告词相呼应）
- “在××公司你会事业有成”

评估结果

员工手册或网页上要包括一页调查问卷，附带一些奖励措施来激励员工完成和提交调查问卷。奖励可以是在附近餐馆或公司食堂吃一顿免费的午餐。关于公司项目的使用情况要有前后数据的对比。选择几个关键目标作为调查重点，并且与项目经理、呼叫中心等一起合作，来检测创建员工手册以来取得了哪些进步。

在分发员工手册之后的大约第六个月举行焦点小组会议。询问员工还有哪些问题，哪些部分还不明白，哪些信息他们需要但手册里没有。

如果有新信息，及时更新员工手册的电子版，纸质版至少每两年应更新一次。

把政策落到实处

即使是最好的政策也需要鼓励员工学习并运用。例如，一家金融服务公司推出弹性工作制，允许员工灵活安排工作时间或在家办公。公司知道员工并不了解这项政策，很多管理者也是半信半疑。他们认为“灵活性”和“工作”这两个词是互不相容的。

我们帮助公司与员工和管理者交流这项政策的两个方面：灵活工作的好处，员工（和管理者）如何成功地利用这项计划。

我们首先要和他们沟通，使他们了解这项政策。更重要的是把政策落实到工作与生活中去，下面是具体做法：

- 通过调查研究证明弹性工作制的价值，用事实证明这项政策有助于他们提高生产效率和工作满意度。
- 列举弹性工作制的各种可行做法，例如弹性时间（上下班时间）、弹性地点（远程办公）、压缩工作周（提前完成一周的工作量）、工作分担（两人共同完成一份全职工作）。
- 提出所有的文案工作，制定日程表，对怎样完成工作要有明确的说明。
- 通过交流方案帮助管理者和员工解决潜在的难题。
- 经常通过书面交流与管理者和员工沟通一些常见问题，举行人人都可以参加的学习会议或者网络会议，使管理者和员工不断得到问题的反馈与回答。

人生大事与常规政策

员工在公司工作时可能会经历各种人生大事，这些人生大事与公司的各类项目、政策和福利可能有关，如何解决相关问题，就需要采取非常措施进行沟通。

人生大事可能包括结婚、生子、搬家、生病或受伤、照顾老人或孩子。有时，一张简单的表格就能够列出政策。

对于更复杂的问题，我们多借助视觉化的方式。例如，生孩子是医疗方案中的一项，对应产假、休假和其他补假政策。生孩子可能带来其他福利待遇的变化。我们发现只用一张简单的带有颜色标记的时间表来展示哪些计划或政策在哪些时候可以启用是不够的。我们最终的沟通方式是小文件，让即将为人父母的员工快速看到自己何时有资格享受休假，以及如何和正常的假期对接。这种格式还能清晰标注父母需要在哪个档口去做什么事（把新生儿纳入医疗保险），还提供父母能够接收到的信息和资源。

检查清单

为确保员工能够利用公司提供的所有信息，需要做以下事项：

- 以一种清晰、简单的方式和非法律语言明确描述公司政策。
- 创建一本旨在帮助员工迅速容易地找到政策信息的员工手册。
- 引用员工话语和例子使政策更生动。
- 把政策如弹性工作制落到实处。
- 通过清晰的视觉材料来展示项目、政策和福利怎样和人生大事统一起来。

第 13 章

福利

阅读本章，你将学到：

- 使福利沟通更简单快捷。
- 帮助员工了解他们的福利，使他们做出明智的选择。
- 努力使员工感激公司提供的福利。

“我头疼”

每年都有福利办理期。你每年都必须竭力与员工沟通福利计划，员工才能理解你的计划（或选择福利计划）并采取相应的行动。

但是难度逐年增大：医疗保健费用持续上涨，福利计划越来越复杂。你必须做出一些调整以维持开销，而员工认为这些调整是在削减福利。正当你认为所有事情都在掌控之中时，意外（比如说医疗改革）却发生了。

毫无疑问，每年都以头痛结束，你需要一瓶强力止痛药。（提醒一下，你要让员工知道非处方药不能再使用灵活支出账户来报销了。）

我们不能治好你的头痛病，但可以减轻福利沟通带给你的痛苦——无论是在福利办理期间还是平时。本章我们将告诉你如何去做。

我们要举个例子，艾莉森的公司一直与一家公司合作，致力于与其员工沟通福利计划。由于多种原因，我们不能透露这家公司的真实名称，就叫它沃娜特公司吧。沃娜特总部设在纽约城区，在北美洲有多个分公司，共有 25 000 名员工，从事产品的研发、生产、销售和分销。

8 是你的幸运数字吗

说到福利沟通，8 是我们的幸运数字。以下 8 种措施能使福利沟通更有效：

- 为公司设立目标。
- 理解员工的需求和偏好。
- 制定计划。
- 简单明了、坦诚地进行沟通。
- 明智地管理时间。
- 选用最合适的沟通工具。
- 重视员工需求。
- 对进步与成功进行评估与反馈。

还是从设置目标开始

正如前面所说，大部分沟通计划在制定时就应该对结果了然于胸，所以在设立目标时要知道你想达到的效果。（参见第 3 章“计划与管理沟通”，里面有很多建议。）进行福利沟通时尤其要这样做，因为你需要员工行动起来才能看到你的福利政策是否成功。这个建议是为了保证沟通方案支持员工付诸行动。

例如，每年沃娜特公司的福利团队都会为员工设立目标来引导员工行动。看下面这个样本：

- 提高长期残疾福利项目的参与率。
- 减少人力资源服务中心的电话数量。
- 鼓励员工在福利办理期间签订福利协议。（这个建议是为了鼓励员工不要等到临近截止日期才行动。）
- 鼓励一部分员工从他们“偏好的”PPO 计划（更多选择，更高的保费）转向“精选”计划（较少的选择，更低的保费）。

理解员工需求和偏好

一旦明确公司目标，接下来就要把注意力放在员工的需求和偏好上。正如第 1 章“了解你的员工”中描述的那样，定性研究如焦点小组访谈能够帮助你发现以下问题：

- 员工对他们当前的福利了解多少。不要因为你在过去的五年里就视力保险沟通过，就认为员工知道这项福利的重要性且知道怎么去利用。你必须准确评估。
- 关于福利价值的看法。员工感激他们所拥有的福利吗？还是他们低估了福利价值？
- 员工需要了解什么——他们对福利沟通持什么态度？

➡ 通过询问了解信息

沃娜特公司新任薪酬和福利部经理上任后做的第一件事就是与

同事进行非正式谈话，了解他们对公司福利的看法。同事的回答着实让他吃了一惊，他们说公司福利不如一些竞争对手，而他的基准问题测试表明沃娜特公司的福利比其他类似公司好。他很想知道是否所有员工都有这种误解。

为了找到答案，这位经理要求对员工做调查问卷并且成立了几个焦点小组。调查结果证实，员工认为本公司的福利不如其他公司，公司还在减少福利。存在这种看法的根本原因是什么？员工对他们的医疗保健计划和一揽子福利计划了解得不够。

调查还显示了员工对沟通方式的好恶：

- 员工不喜欢意外消息。他们接受渐进的变化，不喜欢突如其来的变化。
- 发生变化时，员工倾向于清楚、直接、坦率的沟通。
- 员工希望公司的福利信息准确无误，能够灵活便捷地办理福利注册。
- 员工希望将医疗保健计划的选项同时呈现给他们。
- 员工希望沟通材料易于阅读和浏览。

优化沟通方式

如果你已实施了第一步（为公司设立目标）和第二步（理解员工的需求和偏好），就为优化福利沟通方式打下了坚实的基础。

我们用沃娜特公司的例子解释一下。回忆人力资源管理团队希望员工采取的具体行动。员工很明确地表达了他们的需求，用他们自己的话说就是：

- “告诉我发生了什么变化，我要怎么做？”

- “不要掩饰，告诉我事实。”
- “比较和事例会有帮助。”
- “让我更容易做正确的决定。”

了解所有这些就能够帮助沃娜特公司的福利经理决定如何沟通以符合人力资源部门的目标和员工的需求。下面是用来选择正确沟通方式的部分工具：

公司目标	员工需要的沟通方式	沟通工具
员工更好地了解公司的福利，更加感激公司的福利。	准确无误的福利信息，福利注册材料可寄到家里。	一本纸质员工手册，重点集中在医疗保健计划，其他福利如保险、学费补助则作为非重点描述。
员工做出明智的选择，确定注册哪个医疗计划并明智地利用这个计划。	对医疗计划选择进行公平的比较。	在员工手册中对医疗计划进行全面、具体、清晰的概述，附上一览表。
员工减少给人力资源服务中心打电话的次数。	易于阅读和浏览的材料。	纸质和电子版材料通用：运用章节、颜色、目录、索引和其他浏览工具。语气要友好、谦逊。

简单、清晰、坦率地沟通

我们如此热衷简单、清晰和坦率的沟通，都可以写一本书了。实际上我们正在这么做。我们的建议更多地集中在福利方面。你的公司提供了那么多福利项目，多数福利项目都很烦琐，你就更需要简化沟通方式。以下是关于简化沟通的一些提示（有些是对以前章节的回顾）：

- 运用倒金字塔结构组织信息。这种经典的结构把最重要的信息放在开始，把细节置于后文。这适用于任何沟通，无论是邮件沟通、福利办理还是福利会议。

● 重点强调员工需要做什么。在这个信息超载的时代，员工希望你尽快切入正题，告诉他们需要做什么。内容要清晰，例如“你需要做的五个决定”“选择福利的三个步骤”。

● 视觉化。文件不要冗长，把内容划分成容易浏览的小块。例如，创建一个能够凸显明年福利重要变化的目录。或者添加一个边注栏，包含决定性项目的清单。只要有可能，就运用图标、照片或略图来说明观点。

● 不要试图粉饰。福利沟通通常是传递坏消息。有时是成本增加，有时是福利取消。要让员工保持对公司的信任，诚实地与他们沟通很重要。告诉员工为什么发生变化，怎样管理成本，以及他们怎样做出选择，怎样明智地消费。

● 不要羞于提及好事情。通过沟通让员工知晓那些为了提高他们的生活质量而设计的福利项目，例如灵活支出账户借记卡、预防性护理、健身会员折扣和免费理财咨询。

● 以服务员工为宗旨。包括小贴士、建议和问与答都可以帮助员工更理智地消费，更健康地生活。以下是一些服务型话题的例子，可以把它们融入你的沟通：

- 如何确定你为退休存了足够的钱。
- 损伤小、强度大的锻炼方法。
- 如何从处方药里节省 300 美元。
- 经常忽略的五种公司医疗折扣。

● 告知福利变化背后的原因。当你关注新的福利变化和员工要做的事情时，告诉员工公司提供这些福利的原因及做出决定的经过是很重要的。高层领导对福利的调整是慎重的，要审查数据，做平衡成本与收益的分析，最终做出战略决策。让员工了解这个过程，并将这部分内容列入福利沟通的边注栏。

福利沟通还需要一种声音

这里再提一条建议，当我们讲到“简单、清晰和坦率”的沟通时不要失去人情味。人们容易太执着于获得事实真相而忘却沟通应该有人情味。毕竟，福利是和员工个人相关的话题。我们的同事金佰利·加瓦根（Kimberly Gavagan）最近写了一篇关于戴维斯公司的博客文章，该公司网站很好地运用了这个思想，在这里分享一下：

我一个朋友萨沙最近收到了为其公司服务的人寿保险公司的来信。萨沙打开信时发现里面就是基本材料，直接从保险公司寄过来的——她所在的公司都没有附一张说明。

她所在的公司是家族企业。领导层尽力去了解每一位员工，让他们感受到自己的价值。

这种通用的、没有个性的信件萨沙从来不用。信封里有一本小册子和一张平淡无奇的表格，她需要从两种人寿保险中选一种。没有任何信息表明这是她公司福利项目的一部分。

萨沙感到一阵茫然。说实话，我也是。

就这样错失了机会让我感到痛心。每次给员工发放福利是在传递两种信息。一种是信息本身。另一种是无声的，却“此处无声胜有声”：在公司和员工之间建立一种联系。在这个例子中，联系缺失了，言外之意似乎是“不关我们的事”。

福利对员工来说是一个情感问题。他们把福利看作对自己和家人的关心：在生病或受伤时提供经济保障，在退休时无后顾之忧。

这个时候不适合使用通用沟通方式。

如果必须用保险公司提供的材料，至少要给员工提供一些背景信息，如附带一张保险通知，解释一下公司要做什么事情，此事的重要性以及员工需要做什么。

更好的做法是福利沟通与公司品牌相呼应。模仿一下公司的广告词：要简单、直接、通俗易懂。

当然，福利沟通的上善之策是人性化。要让员工感觉到福利的人情味——感觉到福利来自他们身边理解他们的人，而非来自库房。

这样做使员工不仅理解福利的含义，而且感受到公司的好意。

➡ 沃娜特是如何简化福利沟通的

沃娜特公司是进行简单、清晰、坦率的福利沟通的典范。下面三例足以说明：

● 一张海报（张贴在咖啡店的外面和布告栏上）

福利办理时间到了。

了解你明年的福利。

现在就行动起来办理新的低利率自愿长期残疾保险和人寿保险。

请在11月28日前办理。

● 介绍一本参考书（网上可以看到，新员工有纸质版），此书包含沃娜特公司的所有福利信息

生活是复杂多变的，有太多的事情要做，太多的事情要经历。你要结婚，要晋升，要买房，然后送你第一个孩子去上大学；再往后，开始思考退休问题。

沃娜特公司的福利计划旨在提供一个全面的方案来帮助你满足医疗保健、保险、工作或生活以及退休需要。但是正如生活中的任何事情一样，学会充分利用你的福利要花些功夫。通过积极学习，可以了解有哪些选择，决定最适合自己的福利，并明智地使用福

利，从而最大限度地利用这些宝贵资产。

这本参考书会帮助你采取行动。它对所有的福利项目都做了概述，每个福利项目都有提示信息。利用这些信息了解福利项目，利用网页或其他资源了解更详细的内容。

- 用表格解释PPO计划的变化

把基本型和选择型PPO计划变为高级加强型PPO计划。

沃娜特公司将提供加强型PPO计划来代替基本型和选择型PPO计划，从明年1月1日开始实施。

加强型PPO计划将包含现行的两种PPO计划的特点，如下表所示：

	现行的PPO计划		新PPO计划
发生的变化	基本型计划	选择型计划	明年的加强型计划
回诊联合保险	非专家20美元 专家40元	非专家20美元 专家40美元	非专家25美元 专家40美元
门诊保险	85%的共同保险；个人最高自付2 400美元或家庭支付4 800美元	100%共同保险	90%的共同保险；个人最高自付1 250美元或家庭支付2 500美元
住院保险	85%的共同保险	每天250美元联合保险，最高支付限额为每年8天，共2 000美元	每天500美元联合保险，最高支付限额为每年2天，共1 000美元

明智地管理时间

谈到福利沟通，谚语“滚石不生苔”就不适用了：时间肯定不会都有利于你。事实上，时间管理是福利沟通最棘手的方面，如下所示：

过早提供信息，员工可能会忽略。	“我晚点再去看。”
过于频繁地发送信息，员工会认为后面还有更多，所以他们会等待。	“我会抓住下一个机会。”
发送太多信息，例如连续一个月每天都发电子邮件。	“这的确很讨厌，我会一直按删除键。”
沟通恰到好处，员工会及时地反馈。	“我马上去做。”
太晚发送信息，员工会抓瞎。	“等等！我需要更多时间！”

我们没有通用法则来明智地管理时间，因此在应对每种情形时，我们都努力取得恰当的平衡。我们要给员工足够的时间来理解即将发生的变化，让他们慢慢适应。某件事情该着手处理时，我们会直接提醒员工（“下个月开始福利办理”），但是我们也想尽可能“恰到好处”，即员工在需要行动之前恰好收到所需信息。我们喜欢用“友情提示”——给员工发送温情友善的短信息，提醒员工去完成任务。

我们发现管理时间最好的方式是创建一个时间表，将之作为福利沟通计划的一部分（见第 3 章）。你可以在表上标出员工怎样了解福利，保证发布信息的时间有助于员工了解信息内容和采取行动。

图表 13－1 展示了我们要表达的内容。

基本部分	读者	活动	日期
员工福利于 9 月份更新	美国（非营利组织）员工、非工会员工	员工收到公司内部通讯的纸质材料	9 月 15 日
领导简报	人力资源高级领导或高级管理人员	组织高级领导会议	10 月 17 日
人力资源门户网站	美国工会和非工会员工	推介网站变化	11 月 5 日这一周

续表

基本部分	读者	活动	日期
保健展览会	关键部门的员工	麦迪逊的保健中心展览	11月5—28日
海报和屏幕展示	美国工会和非工会员工	现场海报	11月15—26日
提示邮件	美国（非营利组织）员工	发送电子邮件	10月29日这一周
开启福利注册页面	美国（非营利组织）员工、非工会员工	员工收到全部信息	10月22日这一周
员工福利于10月份更新	美国（非营利组织）员工、非工会员工	员工收到公司内部通讯和微软邮件管理文件包	10月15日

图表13-1 沟通时间表

更多范例："预览"和"勿忘记"

我们在沃娜特公司的朋友对时间安排有很多思考。有效的一种技巧是在集中注册开始前一个月提供关于福利变化的提示信息。

明年的福利变化预览

很多员工说过在集中注册之前了解福利变化很有帮助。10月初就可以在注册包里看到明年福利政策变化的细节，以下是变化预览。

明年，沃娜特公司将控制福利变化带来的预计医疗成本，并且会增加一些专题计划来有效节约资金和时间。其中包括医疗计划的重要变化、医疗保健开支账户和自愿人寿保险。继续阅读可以了解更多。

一旦注册开始，沃娜特公司会发送电子邮件，展示海报，邮寄明信片，给予员工温馨提示。例如下面这封发给尚未注册员工的友情提示邮件：

不要等到最后一天才注册！

我们的记录显示您还没有选择明年的福利。如果您现在还没有注册长期残疾保险，不要错过这次机会，加入这个无须提交健康证明的福利计划吧。

此外，如果您明年想加入弹性支出账户，必须注册医疗保健计划，或选择被抚养人保健弹性支出账户。

注册所有福利计划的最后期限是 11 月 29 日。

请访问网站 www. mybenefits. com 在线注册。

请致电 800-×××-×××进行电话注册。

如果你是第一次进行网上注册，在登录页面的“用户名”一栏输入你的社保号码，在“密码”一栏输入你的员工编号后四位数字。

如有问题，请致电人力资源服务中心 800-×××-××××。

在时间管理上投入会有什么结果？沃娜特公司已经实现一个主要目标：说服员工在注册期间采取行动，不要等到最后时刻才注册。（通过避免额外的保险公司费用和少出错，公司节约了成本。）例如，在一年的集中注册开始前给员工提供信息，沃娜特公司成功说服员工尽早注册。

今年的日注册人数比去年更均衡

时间期限	去年注册人数	今年注册人数	变化
开始三天	1 768	3 117	增加 76%
最后三天	8 982	7 344	减少 18%

采用最有效的工具

关于沟通方式，我们已在第 7 章“选择正确的工具”做了详细介绍，在此简单提及。实际上，我们能够把建议归结为一句话：谈到福利沟通，不要依靠电子邮件通知一切。

电子邮件可用于及时提示，便于快速阅读，也可提供网上信息的链接。

但是对于传递复杂的信息，电子邮件并不比其他沟通渠道有效。例如，我们喜欢用网络工具，它能够帮助员工获取个人数据并做出最佳选择。另外，我们喜欢用海报和明信片，因为重要的信息一目了然。

然而，我们必须承认，这些年来我们最青睐的福利沟通方式仍然是书面沟通——不论是简洁的宣传单（比如能够装进标准信封的“瘦吉姆”（Slim Jim））、四页纸的内部通讯，还是一本小册子。我们发现纸质版符合以下条件：

- 提供所有数据来帮助员工理解福利计划并做出决定。
- 运用图表和其他方式比较信息。
- 通过实例把福利落到实处。
- 员工能够与其他人分享信息。

➡ 沃娜特说“打印出来”

与许多公司一样，沃娜特公司大约10年前停止发送集中注册邮件，转而采用一种严格的网上注册方式。当我们询问员工对这种变化的看法时，他们这样说：

- 员工无法从网页上得到所有信息，只能得到一些零散的信息。这就导致他们无法全面理解福利政策。
- 员工偏好纸质版，往往打印网页内容创建自己的文件包。但是这不如精心设计的纸质版效果好。
- 员工把只提供在线信息看作一种权利的剥夺。“把印刷信息还给我们”是一种普遍的要求。

沃娜特开始重新重视注册组合方略——第一年是一本内容全面的小册子，包含公司所有福利信息。随后几年，用的是简讯（在网上也能找到相关内容）。沃娜特公司沟通具体的福利信息时使用纸质版，例如残疾扶助和学费报销。图表13-2是一张贴在食堂、休息室以及办公场所入口处的海报。

你注册过长期残疾福利计划吗？

如果没有，不要错过这次注册机会。

你承受不起

如果你没有收入，怎么照顾家人？

如果疾病或突发事故让你丢掉工作，它能保障你的收入。

你知道吗？

- 30岁的人残疾的比率是死亡的3倍。

——美国保险监督官协会（National Association of Insurance Commissioners）

- 3/10的工人在退休前可能伤残。

——Council for Disability Awareness

- 2001年突如其来的残疾造成至少17%的个人破产。

——Council for Disability Awareness

图表13-2 福利海报

行动起来

我们喜欢福利沟通的原因之一是它的行动属性。沟通的目的并不仅仅是提供信息，还要告诉员工需要做的事情（这些往往能够帮助他们)。所以我们计划并创建福利沟通时已经设想好了行动步骤。我们会使用下面这些词语或短句：

- 马上行动。
- 你需要做什么。
- 提示。
- 怎么做。
- 不要错过。

➡ 跟踪调查

如何确定行动导向型的沟通是有效的呢？我们分享一些衡量福利沟通的技巧，也建议你收集能收集到的员工工作指标。沃娜特公司的人力资源服务中心数据库能够让人力资源部门密切关注福利沟通怎样鼓舞员工。图表 13－3 展示了一个沟通报告样本。

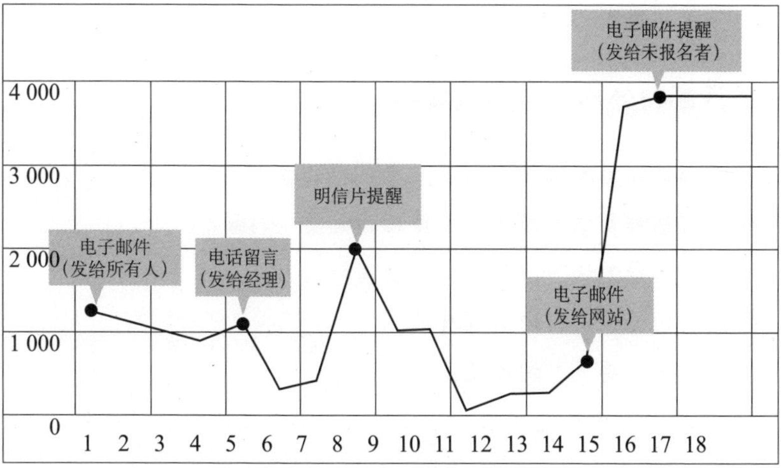

图表 13－3　沟通报告样本

两方衡量，一方行动

正如我们在第 9 章“衡量沟通的有效性”中提到的，衡量你的沟通对测试它的影响、证明它的价值很有必要，而且可以用来调整和改善未来的沟通。可以通过多种方式衡量福利沟通，包括注册期间和之后的现场调查、每年一次（或一年两次）的调查以及数据库和供应商系统的详细报告。

需要问什么问题？以下是调查问卷的一些标准问题：

邮寄到我家的注册程序包很有用。

非常同意　　同意　　不同意　　非常不同意

我了解了我可选的福利计划。

非常同意　　同意　　不同意　　非常不同意

我已经准备好做出明智的注册决定。

非常同意　　同意　　不同意　　非常不同意

➡ 沃娜特公司如何衡量成功

沃娜特公司怎么知道它的福利沟通很成功呢？调查结果和员工反馈的信息都表明沟通满足了员工的需要。例如：

82%的员工认为他们了解了福利计划。

70%的员工认为沟通很有用。

以下是一些员工的评论：

“今年的福利沟通很有价值，帮助我更全面地理解了福利变化。”

“非常感谢公司用多种形式为我们提供易于理解的信息。”

“我非常感激你们为帮助我全面理解可选的计划所做的努力。”

检查清单

为有效设计福利项目，需要做以下事项：

- 明确你想要完成的任务。
- 询问员工知道什么和需要什么。
- 将最复杂的福利信息简单化。
- 注意恰当地利用时间。
- 不要仅仅依赖电子邮件，利用沟通工具箱里的其他工具。
- 强调员工需要采取的步骤，鼓励他们立即行动。
- 衡量沟通效果以证明沟通成功并为下次沟通做好准备。

第 14 章

薪酬

阅读本章，你将学到：

- 清晰地进行薪酬沟通。
- 让员工借助工具认识薪酬的价值。
- 帮助管理者学会面对面地进行薪酬沟通。

谨防暗箱操作

在公司需要沟通的所有话题中，薪酬的沟通效率最高。毕竟，即使你希望员工热爱工作，他们工作也是为了赚钱——支付他们的分期贷款，给汽车加油，给孩子买鞋，等等。所以员工非常关心他们的薪酬构成。

薪酬是个比较棘手的问题，也是个微妙的话题。由于种种原因，员工 A 可能与员工 B 的工资相差很大，即使他们做同样的工作。即使你对外公布了确定薪酬的规则和上下限，个人的具体薪酬也需要管理者和当事人私下讨论。

由于保密的需要，公司常常对薪酬事宜低调处理。结果员工把薪酬分配看作一种“暗箱操作”——令人难以理解、不可捉摸的一种工作机制。这种暗箱操作让人感觉像是魔术把戏。信息（如绩效测评数据）进入箱子，过程秘而不宣，随后便是结果——加薪或奖金——看起来神秘莫测。这会导致员工困惑、沮丧，甚至懈怠。

那么如何消除薪酬的神秘感并使其发挥正面效应呢？请继续读下去。

金钱不等于动力

如果不指出这一点就是我们的疏忽：金钱本身不是一种激励因素。我们是丹尼尔·平克（Daniel Pink）的粉丝，他在《驱动力》（*Drive*）一书中指出，40 年的科学研究发现驱动力的三个要素——自主性、掌控性和目的性——超越了金钱这一驱动力。他指出人类有种深层的需要，“就是管理自己的生活、学习和创造新事物，通过自己和大家的努力，我们会做得更好”。

关于工资，平克说我们大部分人只想知道，不管是在本公司还是在其他公司，我们都有公平的收入。简言之，我们希望如果跳槽到另一家同类公司，我们应该得到公平合理的薪酬。我们希望公司内从事同样工作的人的薪酬不会比我们高太多——除非同事比我们有明显的优势。

我们分享这个信息是因为在沟通遇到障碍之初都会借鉴外部经验，这是个不错的想法。你同时还需要知道公司员工对薪酬的看法，以便在沟通时能和员工产生共鸣。

5 是个神奇的数字

本书第 1 部分介绍的所有建议都可以应用到薪酬沟通中，当然，我们特别提醒注意以下五种策略：

- 使用简单的语言。
- 使用视觉资料。
- 帮助管理者学会讨论工资事宜。
- 尽可能人性化。
- 举例以使数字生动。

使用简单的语言

你以前听说过这个建议吗？当然听过——第 5 章“简明书写”提过。这里要再次强调，如果我们看到薪酬沟通中一直存在的问题，就会知道这有多复杂。

我们知道你在想什么：沟通很复杂，因为现在的薪酬结构很复杂。过去很简单，因为薪酬唯一的组成部分是工资。现在很多公司增加了各种形式的薪酬，构成了一个组合，而这又与公司和/或个人绩效紧密相关。于是有了奖金（也叫短期激励），还可能有长效激励，公司可能会采取股票期权或限制性股票的方式。

这就是所有组成部分吗？可能不是。薪酬顾问总是想出新方法支付员工工资。总而言之，我们认同你公司的总体薪酬方案很复杂。

但这并不是说你公司的沟通很复杂。实际上，你能提供给员工的最佳服务是使沟通简单化，这样不管薪酬方案多复杂，员工都会了解它是如何运行的。

不要这样做

我们从一家大公司的薪酬设计手册里节选了一个例子（对公司名称和某些细节做了修改）。

Acme公司直接根据与公司经营业绩相关的支付水平发放薪酬。为了确保薪酬水平和经营业绩一致，每年都会将公司和同行企业进行比较分析。与很多直接竞争对手相比，Acme公司在关键财务指标上的绩效位列第一。财务指标包括销售额、营收增长、每股收益、投资回报和股东回报等。财务指标这样分类是为了建立公司绩效的一种综合标准。此外，所有薪酬，包括现金（基本工资加上每年的奖金和红利）及长期激励，以500多家大公司中13 000多名经理的薪酬水平为参照。这样就确保了公司的薪酬水平既反映新兴市场的做法，又具有市场竞争力。完整分析显示Acme公司无论是在整体绩效还是在按四分位划分总收入方面皆参照同行企业。Acme公司的目标薪酬水平是第三个四分位，这就意味着按照Acme公司的绩效，其薪酬水平至少要超过一半的同行企业。

相信我们，没必要这么做！请看下面的例子，一家科技公司推出新的工资结构时我们写的前言：

在这个手册中，你会看到我们如何管理薪酬问题，了解新的薪酬结构的基本要素。这会使你与管理者的面谈更完善。新的薪酬结构分成7个级别，这个月将会通知到所有同事。

为什么要用一种新的薪酬结构呢？原因很简单，旧的薪酬结构不适用了。薪酬结构应该简单、持久并且与公司经营战略相一致。旧的薪酬结构有32个级别，层次过多，级别差距大，与公司的业务经营不协调。我们要花很多时间讨论薪酬问题，努力寻找适用的薪酬结构。我们认为新的薪酬结构有很大的进步：共有 7 个薪酬级别，与公司的经营战略一致；为保障员工的薪酬竞争力提供了有效的方法，并将个人努力和公司经营成果联系在一起。新的薪酬结构一目了然：

级别	角色
1	企业领导
2	组织领导
3	业务/系统领导
4	业务/程序操作员
5	岗位专家
6	行政/技术人员
7	职员

这样更好，不是吗？尽管我们进行沟通的这些年里薪酬发生了很大变化，但是基本原则——简单清楚——没有变。例如，以下是一本薪酬手册的封面文字，是简 30 年前做的。

这些会是你喜欢的东西。

这本只给公司高管看的手册写道：

金钱

具体来说，它包括怎样赚钱，怎样赚得更多，怎样攒钱，还有怎样保护既得利益。

这种简单直接的语言会激励潜在的读者翻到下一页或点击获取更多信息，以前是这样，现在还是这样。有关这本手册很有趣的一个现象是，它概述了针对高管的特别薪酬计划，而这本手册的大部分读者没有资格享受这一计划。

为什么要包括这些呢？也许每个高管都知道有个特别薪酬计划，但大部分高管并不知道它包含什么。高管们不了解具体内容，只会揣测它必须有什么和可能会有什么。汇总这项计划的内容，给他们提供一些信息，他们就不用花时间来猜测了。这也为他们提供了一种动力去努力达到下一个薪酬级别。

这本手册出版后，对高管做的调查显示反响是非常积极的。

薪酬沟通中什么可以不涉及

薪酬沟通中没必要出现人力资源经理或薪酬经理的照片或视频。为什么？就像卖车时不必附上设计这辆车的工程师的照片一样。令员工兴奋的事情未必会令潜在客户兴奋。客户没有必要知道所有令人兴奋的术语或者引擎盖下部件的功能。

也不必使用空洞的语言或专业术语，例如：

- “我们的员工代表着我们最伟大、最长久的可持续资产。”事实上，要避免开头的句子中包含“我们的员工代表着……”这样的短语。这种表述太空洞了，不接地气，也与工作实际不相符。“我们的员工……”这类套话可以这样改写：“我们的员工是极好的，如果他们不再优秀，我们就会让他们离开。”
- “为了实现我们的目标，我们需要具有非凡才能的领导，需要匹配世界顶级的奖励计划。”

如果你将高级经理谈论薪酬方案的目标作为重点，就要用他们平时讲话的语气语调。我们最喜欢引用一家金融公司首席执行官的话，“如果你在这里的唯一原因是要赚更多的钱，对你来说我们可能不是最好的公司”。他还讲述了为什么要向同事学习，你能学到的东西以及你要做的事情都是你每天努力工作的重要原因。这对公司来说很重要，有利于薪酬合理分配。

创建视觉资料，简化复杂信息

进行薪酬沟通时需要创建视频资料（参见第 6 章“利用视觉效果”）。毕竟，你要处理三个属性以符合视觉效果：数字、关系（如绩效怎样影响工资）和时间。

最简单的视觉资料就是表格。以下是我们为一家生物科技公司的管理者制定的薪酬指导计划。

总览：计算奖金

	第一方面	第二方面	第三方面
总览	员工级别和工资决定潜在奖金	员工的最终绩效评级作为建议奖金的依据	公司绩效与个人奖金挂钩，建议奖金乘以公司绩效乘数（CPM），这会提高或降低员工的最终奖金
如何计算	级别（%）×工资＝潜在奖金	潜在奖金（%）×建议等级＝建议奖金	建议奖金×公司绩效乘数＝最终奖金
更多细节	见第 9 页	见第 11 页	见第 12 页

再看另外两个例子，视觉资料的清晰效果一目了然。图表 14－1 展示了某公司的事业发展进程，显示了工作级别或层次，还有与之对应的薪酬。

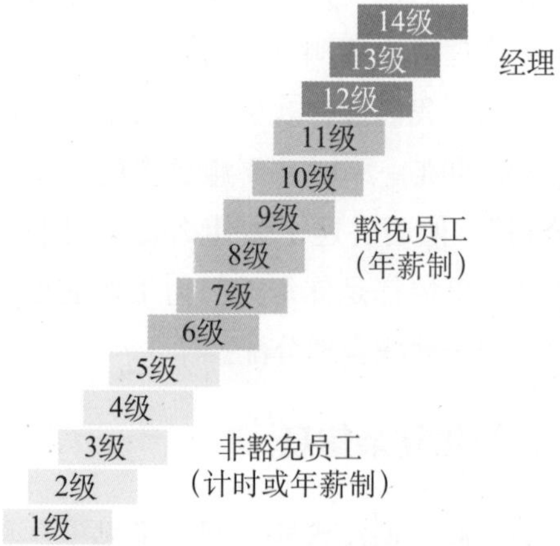

图表 14－1　某公司的事业发展进程

图表14－2描述了工资周期的变化——员工何时可以拿到年终奖。

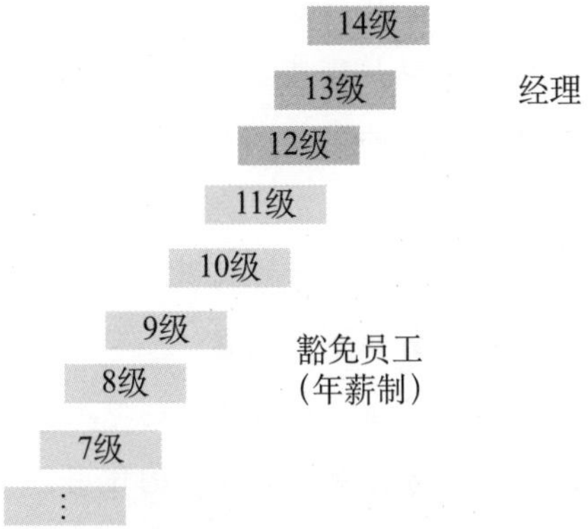

图表14－2　工资周期变化

帮助管理者学会讨论薪酬事宜

关于员工薪酬的关键信息，例如加薪和奖金，通常是管理者和员工通过面对面沟通传递的。尤其重要的是，当薪酬结构很复杂或者薪酬系统改变时，你要为管理者准备背景材料和信息，让他们与员工谈起薪酬事宜时表现得胸有成竹。

首先要确保管理者了解制定薪酬方案的整个过程。下面这个清单是艾莉森所在公司为一家全球公司的管理者提供的关于薪酬事宜的指导。

你需要做的事情

到今年的9月1日，你需要与每一位员工进行一次年终会谈，讨论他们的年终测评和薪酬。比较理想的是，在与员工面对面的个人谈话中沟通薪资和奖金信息。

与所有员工分享以下信息

● 告诉员工他们去年的年终测评结果。

● 告诉员工加薪金额。如果没有加薪奖励，告诉他们原因，并告诉员工未来想要加薪要满足哪些条件。

● 给出个人发展所需要的具体的反馈，以帮助员工进步、成长或掌握新技能。

● 加深员工对新一年工作目标的认识。

与能获得奖金的员工分享更多信息

● 沟通奖金额度，并且强调获得奖金的原因。

● 描述员工的工作和努力对公司成功的作用。

● 告诉员工公司和各个业务部门如何达到或超过业绩指标，以及这会如何影响整个公司的业绩。更详细的信息在前一节“关于奖金你需要了解什么”中可以看到。

● 如果没有获得奖金，告诉他原因，并告诉员工未来想获得奖金要满足哪些条件。

● 感谢员工在完成公司和部门任务中所做的工作。

当帮助客户推出新的销售激励计划时，我们了解到，通常客户只需每年在全国销售会议上宣布新计划。我们的研究证实，公司销售人员对新计划的认识差异很大，这会导致公司销售额下降和员工销售奖金减少。对于这一点公司管理层也意识到了。

我们的方法是在全国销售会议前后使用各种沟通方式和工具，为他们提供“及时”的信息，而不是每年都用同样的材料来鼓励销售经理积极参与。

这种方法创造了奇迹：销售额显著提升，平均奖金也提高了。

通过下表可以看到全国销售会议前后发生的变化：

时间	销售经理要做的事情和接收的东西
两周前	参加网络培训会议，为举行地区级密集销售培训做好准备。
10天前	接收有附加材料的资料包，包括演讲者的指导笔记，指导如何突出每张幻灯片的细节和亮点。
一周前	做一份网上自我评估，测试经理们对销售薪酬计划的了解情况以及他们是否准备好回答可能遇到的关于薪酬计划的问题。
在全国销售会议上	举行地区级动员会，和经理们一起检查销售薪酬计划。
一周后	收到常见问题文档，回答最常见的有关销售薪酬计划的问题。
两周后	收到带有翻页功能的轻便定位架。每个月都会提供新内容，销售经理可以在会议中用这种工具展示员工的高绩效并为最大限度地得到奖金提供帮助。

尽可能人性化

大约40年前，公司开始推出能够显示员工累计工作价值的薪酬报告。这种沟通方式很人性化。在报告里你会发现一个数目可观的总额，因为你的带薪假期、病假、节日，医疗保险支付，当然还有工资都包含在你的收入里。

早期的报告不怎么好看，并且如果你看到很大的空白之处，就知道有人在某些方面表现非常优秀，而你没有。例如，在补充薪酬那页上，只有一行很小的字，其余是空白，你就知道你处在公司的底层。

早期的报告非常受欢迎，成本相当高。随着技术不断进步，报告也更完善——充满大量细节而且没有空白来暗示你缺少成就。

现在的报告甚至不需要打印。许多公司允许员工在线查看薪酬报告，甚至更多内容。员工可以使用建模工具来做自己的假设和预测。为了储蓄和投资，这些新工具是帮助员工做出正确决策并采取有效行动的重要资源，这样到他们退休或不想工作时，就会得到他们想要的收入。

当然，由于各种原因，比如一些员工无法访问在线资源，很多公司需要纸质的薪酬报告。如果你的公司不用纸质报告，我们建议你把它邮寄到员工家里。员工希望跟家人分享该报告的内容，因为它是有关家庭财务规划的重要文件。

以下是信息类型概要，可以放在薪酬报告中：

- 工资加上任何激励性的薪酬和奖励。
- 公司对 401（k）或类似计划的投资或者任何配套礼物。
- 公司在一揽子福利上的投资。
- 去年公司对医疗和牙科的报销支出，加上公司和员工为这项保险的支出，再加上保险汇总（可扣除的、自付的和垫付的上限）。
- 提醒员工如何使用医疗保险支出账户节约金钱（如果员工尚不知如何利用）。
- 根据员工对医疗保险支出账户的使用情况确定预期减免税率。
- 如果员工残疾或死亡，概述各种来源的资金支持计划。
- 带薪休假及其价值的概述。
- 概述公司提供的各种其他服务，以帮助员工获得私人问题的援助，获取有关家庭护理的信息，花更多时间陪家人，投资其他方面（如礼物配套项目），投资自己（如学费报销）。切记列出任何可行项目的实际费用金额。
- 显示退休储蓄账户的当前和预计价值。包括帮助员工决定他们是否需要增加储蓄，增加多少，以使退休时得到更多（包括说明怎么去做）。预计在不同的年龄退休每月可能从社会保险得到的金额。告诉员工退休后需要多少薪金才能够维持他们目前的生活水平。

● 员工看了信息后，无论何时想要行动，你都要为他们提供方便，包括提供合适的网站链接或免费的电话号码。

以下是简设计的称为“薪水加”（Pay Plus）的薪酬报告的介绍。

亲爱的员工：

因为有了你们，我们才能成功。我们共同享有的一项重要福利就是我们的一揽子薪酬：工资、激励、奖励和福利。

这就是这本手册包含的所有内容。它描述了你的总薪酬，这种形式是专门为你们设计的。例如，你可以看到你的收入报告，包括你的福利金额。你会找到有关你的福利项目的汇总，还有怎么利用这些项目的提示，甚至有一部分是关于长期经济计划的。这样设计是为了帮助你评估目前的储蓄水平能否满足你未来的需求。

你可能好奇我们为什么做这样的事情，因为我们相信它将帮助你更明白你的全部收入，更明白如何使用你的福利来满足生活需要和制定未来计划。这份报表给你提供了一种新的工具来进行财务决策并规划未来。此外，它可以帮助你重新审视你的薪酬，重新体验我们分享成功的方式。

[由公司董事长签名]

我们如何衡量该报告的效果呢？我们设计了一份调查问卷，需要员工完成并匿名反馈。调查包括以下内容，每一陈述有四个选项，从强烈反对到强烈赞同。

● 人性化的财务报表加深了我对薪酬汇总价值的理解。

● 人性化的财务报表增进了我对薪酬汇总价值的认同。

● 根据我的理解，我从薪酬汇总计划中获益匪浅。

● 根据我的理解，我打算重新评估如何使用某些福利以便更好地利用它们。

● 我打算提高目前的储蓄水平，以满足我的财务目标。

我们提供了一个评论的机会：

● 对于这种薪酬汇总报表，公司能够做出的最重要的改进是什么？有没有其他评论？

调查结果证明，绝大多数员工认同这份报告。

举例

即使你的公司不能提供人性化的薪酬或福利报告，你也可以为管理者和员工提供更实际具体的薪酬设计。应该怎么做？一个简单的方法是以虚构的人物来说明不同的薪资方法会给他们带来什么不同的结果。

例如，我们通过“迈克”这个虚拟角色让医疗公司的管理者理解加薪和奖金是怎样运作的。

会见迈克

迈克是一个工资级别为四级的员工，年薪 50 000 美元。他刚刚得知自己去年的绩效等级为“优”。

由于工资为四级，迈克的奖金有望达到年薪的 15%。他的年薪是 50 000 美元，这就意味着奖金有望达到 7 500 美元。

最终评级决定建议奖金

迈克的最终等级是“优”，按照规定他的建议奖金是潜在奖金的 81%～90%，中间点是 86%。取中间点计算，他的建议奖金是 6 450 美元，为年薪的 12.9%。

迈克在一个重要项目上表现很好，帮助公司增加了收益，他的经理建议给他稍高一点的奖金，为6 600美元，这是他潜在奖金的88％和年薪的13.2％。

他的建议奖金在校准过程中得到二级经理的批准。

检查清单

为了保证薪酬沟通顺利，需要做以下事项：

● 使用简单、清晰、会话式的语言谈论薪资问题。这不是外科手术，不需要专业术语。

● 运用视觉效果来展示各成分是如何相互叠加产生作用的。图表能达到简化内容、方便理解的效果。

● 为员工创造机会发现公司所做的一切最终都是极具附加价值的。

● 为员工提供信息帮助他们做好长期计划。

● 进一步给管理者提供“及时”的信息，以帮助他们与员工进行有效的一对一交谈或进行小组会谈，传递有关薪酬和激励计划的信息。

第 15 章

绩效管理

阅读本章，你将学到：

- 阐明公司目标，让员工据此制定个人目标，从而更好地帮助公司走向成功。
- 理解绩效管理系统的运行过程。
- 运用沟通工具简化绩效管理。
- 帮助管理者完成指导、训练、反馈等任务。

成绩单该见分晓了！

如果你是个全优生，你一定希望收到每一份成绩单。但是有些人会因棒球、发型、吉他手亨德里克斯等而分神。我们在有些学科上得心应手（你好，英语！），在有些学科上却力不从心（几何应该被取消），因此我们害怕收到成绩单，甚至连信封都不敢打开。从学校走回家是一段漫长的路程。当父母查看成绩单时，我们得闭上眼睛，洗耳恭听“没把你的潜能发挥出来”之类的话，直到他们教训完毕。

当员工为了绩效评估面见管理者的时候，他们不得不经历这一痛苦时刻。毕竟，绩效评估并非平均积分点，决定了一个人的收入多少，是否得到晋升，是否会丢饭碗。

难怪员工、管理者甚至是人力资源专业人士都将绩效管理看作一个挑战。2010 年 3 月世界大型企业联合会人才管理活动中的一项民意调查发现，72％的反馈者把绩效管理看成“一场永无止境的不输不赢的战争”，10％的人认为“公司在人才争夺战中且战且退，最后以失败告终”。2004 年华信惠悦咨询公司（Watson Wyatt）的调查发现，只有 30％的员工坚信公司的绩效管理系统能够提高他们的绩效。

慢着，还有更糟糕的消息。绩效管理执行不好后果会很严重：

- 员工与管理人员（及整个管理层）之间缺乏信任。
- 员工士气低落，工作积极性不高。
- 浪费人才。
- 公司整体发展方向不明确。
- 员工绩效差，公司目标未果。

幸运的是，还有希望。当然，我们坚信绩效管理的关键就是沟通。因此，我们将展示如何通过沟通进行绩效管理，以使每个人都理解公司的发展方向，使管理者和员工了解绩效管理系统是如何运行的，进而成功利用这个系统为公司创造收益。

什么是绩效管理

让我们先看看绩效管理的定义：明确员工工作、制定员工年度工作目标，并对其表现进行评估的系统。它为员工持续高效工作创造积极环境。它包括以下要素：

- 理解公司文化、哲学和政策。
- 根据公司和部门目标分配任务。
- 接受继续教育，不断沟通反馈并定期进行绩效问题讨论。
- 能根据工作表现和目标完成情况给予表彰和奖励。
- 在训练和拓展中不断学习与提高。

如你所见，年度绩效评估虽然只是一次会议，但是并不等同于绩效管理。绩效管理也并不等同于人才管理，人才管理是人力资源专用语，包括人员招聘、人员分配、绩效管理、公司发展和连任计划等。我们重点研究绩效管理及其与每个员工之间的关系，而不是团队业绩、财务业绩或经营业绩。

员工想要什么

我们总是会想为什么员工会关注绩效管理。员工想要知道这一系列具有普遍性的问题的答案：

- 我做的事真的有助于公司并能发展我的事业吗？
- 我的表现相对于我的同事来说怎样？
- 我在这个公司有未来吗？
- 我如何才能做得更好？

从公司目标入手

员工如何工作才能帮助公司取得成功？如何制定目标才能帮到公司？这些是重要的问题，其答案让员工知道公司要做什么。我们从确保员工理解公司目标开始。

我们会惊讶地发现很多公司并未用简单明了、让每个员工都理解的方式展现公司目标，这种现象很普遍。你或许有个复杂的战略计划，是管理顾问帮助高层制定的。这很好，但这个计划可能过于详细（并且太机密）。而你期待的是一种直接表明公司今年试图实现什么目标的方式，这些目标集中在以下方面。

- 财务：你的销量、收益和其他财务目标是什么？
- 新产品或服务：你是否开发出新产品或品牌？试图招揽新客户或进入新市场吗？
- 开创性：你需要完成什么大项目？
- 人员：你是否为聘用、留住和开发员工制定了全面的目标？
- 其他问题：或许你有关于公司的环境目标、社区关系目标，抑或其他领域的目标。

如果你拥有一家大型公司，要实施综合管理

如果你有家大公司，你必须努力把公司大大小小的目标从上层传达到基层。这个工作的难度在于让员工把不同的目标联系起来，形成一个有意义的整体，并分清轻重缓急。他们需要知道公司大小目标之间的联系、不同部门承担的主要任务、团队的工作重点、个人的工作职责等。

在一家大型的金融服务公司，高层很成功地制定了公司总体目标，但是公司没能让管理者和各个团队了解并落实这些目标。人力资源总监就给管理者配备了一些工具用来和员工沟通，使得员工了解总体目标和团队目标及个人目标之间的联系。

人力资源部汇集每个业务部门的目标计划，然后创建相应的工具帮助领导和管理者与员工分享。这个工具可以分为三个部分：

左边列出5个公司目标。	中间部分列出3～5个分支机构、工厂或者业务部门的目标。	右边留出空白，这样部门经理可以讨论哪个公司或者区域的目标适用于自己的团队，最后填入部门目标甚至个人目标。

为了帮助管理者明白要做什么，人力资源部会邀请他们参加一个网络研讨班（安排在一天的不同时间段，这样管理者可以选择最适合他们的时间）。在研讨班上，他们会被告知努力的方向并制定应实现的目标，同时学会使用目标工具。

管理者对此安排的反馈是积极的，99％的管理者认为和自己的团队沟通公司的主要任务很重要，86％的人认为对于如何更好地和团队沟通公司的主要任务有了深入的了解。这里有几个例子：

- "这门课真棒！对于了解银行整体是如何运作的以及银行工作是如何落实到员工层面的都有很大帮助。我会再来上这门课的。"
- "这个研讨班能增长知识，激励人心。我将在下次会议上运用刚才听到的那些策略。谢谢。"

每个人都能理解绩效管理系统吗

我们喜欢那些简单的绩效管理系统，因为管理者和员工使用起来很轻松。比如，戴维斯公司开发了基于公司目标直接生成其他目标的程序。有时候（并不总是）它会包含一个团队目标。这样就要求管理者和员工从以下两个方面去完善目标：

- 绩效目标（为了公司的成功，员工今年工作的努力方向是什么）。

- 发展目标（一种或两种员工可以提高自身技能的方法）。

你的系统太复杂怎么办

如果你的绩效管理系统太过复杂，你要确保员工知道它是如何运行的，不要以为系统已经建成一段时间了就人人知道。

几年前，我们跟一家制药厂合作，商讨一种新的网上绩效管理工具。这种管理工具的设计理念是工具不变——有的工具用来记录你的目标，有的工具管理者用来评估你的绩效，只不过你填表的方式变了。我们采访管理者时才知道，即使是有经验的管理者也不一定能正确地填写这些表格。我们利用这些反馈信息出了一本名为《使用评价和评估工具：管理者的向导》（*Using the Ratings and Appraisal Tool：A Guide for Managers*）的指导书。

这本书给管理者提供了使用在线工具的详细指导，书里有许多提示，可帮助管理者记住如何更出色地做好绩效管理工作。比如，介绍部分包括这样一些建议：

准备绩效评估

你的坦率和具有建设性的绩效评估是激励员工努力工作的关键因素。在准备评估工作时，你需要考虑下列问题：

- 一年里你需要就个人发展和工作表现与每位员工谈话。
- 注意观察员工的工作表现和贡献。
- 倾听其他人对员工的表现及贡献的评价。
- 员工自我评估。

这本书还包括一些典型的提示：

提示

你会发现如果员工提交了自我评价，员工对每个目标的评价就会出现在自我评价一栏。如果你没看到员工的评价，要检查他是否提交了自我评价。

全景图

具体的提示是很有用的，但是帮助管理者和员工理解整个绩效管理系统如何运行也很重要。特别重要的是绩效管理与开发的联系（尤其当绩效管理和开发是各自独立的体系时，这也是许多公司的实际情况）和绩效与工资之间的联系。（详见第 14 章“薪酬”中更多关于薪酬的沟通。）

这并不意味着你要把人力部门管理职责范围内的所有细枝末节呈现给员工，增加他们的负担。几年前，我们做了个项目，让人力资源团队负责调整绩效管理系统来支持公司的发展。结果，这个团队如此痴迷于系统设计的一些烦琐细节，他们认为应该把系统的全部内容包括洗碗池、冰箱、橱柜、洗衣房等都考虑在内。

“我们需要人们看到全景图，”团队领导如是说，“我认为你的方法过于简单，我的方案更为全面。”

“不——！”（你大老远就能听到我们的尖叫。）这个可怜的团队被误导了。他们的出发点是好的，但过于高涨的工作热情使得他们在系统设计上画蛇添足，即系统的复杂程度超出实际需求。

这家公司按财年运行，所以有关绩效管理沟通的一个重要方面就是时间。公司不断提醒员工绩效周期和业务周期的一致性，而不是按自然年度运行。

如果你只能用文字来描述你的绩效管理过程，你会怎么做？这里有一些描述计划变化的关键信息。

绩效管理系统的变化能帮助员工发挥潜能。

哪些方面发生了改变

从 1 月开始，员工将会经历一系列绩效管理过程的改变：

- 绩效评估新系统作为绩效管理过程的一部分，会影响员工这一年的目标制定，影响对员工目标完成情况的评估和对他们的评级，以及管理者对员工年终奖和绩效奖励的评定。
- 这些改变是基于一种叫作领导气质的新设标准，这种标准为公司员工提供了一种框架，在此框架下每个员工都能找到自己助力公司成功所需要的特质。

谁会受到影响

每一位参加绩效管理过程并且有资格获得资金和绩效奖的人会受到影响。

改变何时发生

从第一季度开始，员工和管理者会讨论并制定这一年的目标。

为什么有这些变化

公司过去的成功得益于员工的努力，得益于预测并适应市场的变化。但是过去成功并不意味着未来也能成功。这就是过去几年公司注重业务的方方面面的原因。努力是有回报的。通过平衡和提高质量与效率，我们找到了革新的、更好的、更高效的、更有成果的方式。

我们在吸引员工、留住员工、培养员工和奖励员工这方面非常用心。很明显，人们对公司的成功会很挑剔，毕竟我们的许多绩效管理系统年代已久。其他系统在一些部门运行得不错，但不足以改变整个公司的状况。

努力改进绩效管理系统和员工开发系统的目的很明显：让每个员工都能成功。这其实是对员工各尽其职的明确、持续的期望，还要确保员工的聪明才智和辛勤工作能得到肯定和奖励，对于人才的管理要做到人尽其才，使每个人都能够在合适的岗位上发挥特长。

什么没有改变

对于多数组织来说，绩效管理过程本身并没有改变。员工仍然要与上司一起工作，一起制定目标，进行自我评价，接受绩效评估和评定，以及得到相应的报酬。改变的是员工需要面对新的评估体系，制定新的目标，决定分红和绩效奖励的额度。

授人以渔

几乎每个绩效管理系统都很大程度上依赖于管理者的使用方式。管理者帮助员工制定目标，定期向员工提供反馈，评估绩效，对员工薪酬给出建议。因此，我们就绩效管理沟通提供的最后建议是：在管理者身上投资。

这通常意味着要用多种方式指导管理者提高绩效管理水平：培训（面对面或在线）、网络工具、打印材料，甚至是对等网络。

这是一个很好的话题，每次你和管理者沟通时，都可以利用这个机会对他们进行培训。

比如，当一家全球公司推出一款新的配有升级的上网工具的绩效管理系统时，我们建议将全球各地管理者的视频作为公司内部网的工具以备常用。我们特别建议公司选取真正有潜力、备受尊重的管理者来做视频（使用 FLIP 相机），并回答以下问题：

- 老板曾经给你的最好的建议是什么？
- 怎样和问题员工打交道？
- 如何改变员工绩效欠佳的状况？

作答的视频可以通过多种方式与管理者分享：在线研讨会、培训会议和网上训练。

我们为另一家全球公司创建了包括以下内容的管理者综合指导：

- 董事长信息。
- 绩效管理概述。
- 角色和责任。
- 绩效管理的快速入门指导：

  步骤 1：开发目标

  步骤 2：年中绩效和开发

  步骤 3：年度绩效

  步骤 4：二次评估和校准

  步骤 5：最终确认
- 高频率问题。

这本指导书的第一部分中有一章是对管理者角色的描述：

> 在绩效管理期间，你要负责协调整个团队的工作，指导员工的工作，评估自己的工作绩效。要做好这些，你需要：
>
> - 帮助员工理解公司的整体目标、职能目标和网络目标，以及自己团队的工作如何与上述目标相契合。
> - 把年度关键目标分配给团队成员。
> - 支持员工制定职业目标与发展规划。
> - 帮助员工做好年中和年终绩效评估并确定其绩效评级。
> - 全年提供对员工的肯定、反馈和培训，以帮助员工实现个人

目标和总体目标。

下面是我们对年中评估重要性的描述：

开展交流、不断反馈及开发对于高效的绩效管理至关重要。年中评估和开发规划的跟踪与落实是做到这一点的途径。你和你的员工都有责任监测和督促这些工作目标的实现：完成了什么任务，怎样完成的，对业务的整体影响如何。识别任何潜在障碍并找出可能的解决方法，确保员工实现其目标并完成其发展规划。正式的工作检查要按部就班地进行。

➡ 帮助管理者了解怎样才能真正提高绩效

2010年6月，《人力资源》（*HR*）杂志上刊登的《绩效评估的一种替代方法》（*An Alternative to Performance Appraisal*）一文中，埃里克·范斯莱克（Erik van Slyke）对绩效管理过程为何达不到预期结果做了解释，他还指出管理者为提高绩效该做什么：

《哈佛商业评论》刊发《绩效评估中的角色划分》（*Split Roles in Performance Appraisal*）（Myer，Kay and French）45年后，我们仍然相信绩效评估有价值，这令人难以置信。这项研究是通用电气公司做的，它发现公司的绩效管理系统不仅没有用，反而跟预期的情况相反：

批评对目标的实现往往产生负面影响，而表扬的作用往往也不大。

无数的科学研究已经得出同样的结论。更有说服力的是，运用大脑扫描技术进行的研究表明，这些结果与大脑的工作方式直接相关。

那么是什么在起作用？什么能保证更高的绩效？提高绩效最有效最稳定的因素是内在动机。高绩效源于人们热爱他们的工作。如果管理者不能直接影响员工的内在动机，就应该创造一个能激发内在动机的环境。

检查清单

为了保证绩效管理沟通有效实施，需要做以下事项：

● 沟通公司目标，这样员工能理解你想要做什么以及他们怎样做才能帮助公司。

● 实施综合管理（如果你的公司规模较大），这样你的员工能看到自己的工作和公司前景的联系。

● 决定是否用视觉工具来帮助你说明绩效管理系统的运行状况。

● 用平实的语言来解释最复杂的绩效管理系统。

● 在管理者身上投资。确保他们拥有在绩效管理过程中培训员工所需的信息与资源。

● 将每一个沟通机会都当成培训机会。确保你能给管理者提出关于有效绩效反馈的建议。

第 16 章

退休储蓄

阅读本章，你将学到：

- 鼓励员工为未来储蓄。
- 通过共享信息来帮助员工做好投资决策。
- 加大员工在储蓄和证券上的投资力度。

我们可以从公司寻求帮助吗

我们是幸运的：我们热爱自己的工作。通常情况下，我们每日浑然前行，不做思考。直到有一天艾莉森接到一个电话，对方是个在读沟通博士学位的年轻男子，他说想把采访她作为其研究内容之一。

“好啊！”她回答说。

他问的一个问题是：“你工作的哪个方面最能给你带来满足感？”

这很简单，她答道：“我喜欢这样的情形，沟通进展顺利，员工了解了情况，知道这对于他们意味着什么，接下来他们需要做什么，并感受到有人在关心他们，帮助他们。还能有什么比这更让人满足呢?”

我们提到这件事是因为在为退休做打算时，员工会需要我们(以及你们）的帮助。我们知道（从个人经验来看）在经济不太景气的情况下，员工很难自己做好储蓄计划并安排好自己的退休生活。绝大多数员工都面临很多困难，对此我们感到很沮丧。比如一家员工福利研究机构在一项研究中发现以下情况：

- 只有 16%的员工有信心拿到满意的退休金。64%的员工不指望或完全不相信自己能拿到足够的退休金来保障退休后的生活。
- 27%的在职员工目前的积蓄不到 1 000 美元，54%的人持有不到 25 000 美元的积蓄。
- 低收入水平的美国人中约有 2/3 退休 10 年后的生活会捉襟见肘。

所有这些事实都增强了我们的信念，即公司的一个重要目标应该是鼓励员工加大投资力度，如储蓄、买股票等。你需要加强人力资源沟通来实现以下几点：

- 教育员工为未来储蓄的重要性。
- 员工加大对退休金和股票的投资力度。
- 通过共享信息帮助员工做好投资决策。

有效沟通意味着不同的退休生活：舒适或艰难。帮助员工投资意味着帮助他们购房、改善居住条件、增加孩子的教育投资和过上舒适的退休生活。你实际上能够帮助人们构建一个未来有经济保障的生活。这是个多棒的礼物啊!

让我们开始吧。

为你的简单四步项目做准备

有四个技巧能让员工加大对储蓄、股票或退休计划的投资力度：

- 简单明了地解释金融工具是怎样运转的。（即使是最精明的员工也不一定懂金融。）
- 使用诸如行动指南或服务式新闻报道等方法与员工沟通有关退休的问题，并提供他们会用到的所有信息。（详见第 5 章“简明书写”。）
- 用员工的故事（视频或打印材料）讲述他们是如何从这个计划中受益的。可以在大堂、餐厅或公司内网上展示。
- 尽可能人性化。退休计划服务人员可用纸质或在线方式、以具有人性化色彩的语调陈述福利投资选项。同时要补充一些辅助信息，从而更好地表达你的观点。

不是代数，但是……

在 1986 年的一部影片《佩姬·苏要出嫁》（Peggy Sue Got Married）中，女主人公佩姬在高中同学聚会上晕倒了，醒来时发现自己回到了高中时代，只不过她保留了这 20 年的记忆。

因为知晓未来，她身上发生了好多有趣的故事。我们最喜欢的一个情节就是她对数学老师说：“思妮格罗夫女士，根据我的经验，我碰巧知道以后我最不可能用到的学科就是代数。”

我们也是这么认为的（对于代数来说），但结果证明佩姬在这件事上是错误的：学好数学对于做出明智的金融决策是很有用的。

➡ 证券选项 101

我们中并非所有人都对数学感兴趣——许多员工从没有上过有关金融市场的课程。所以关键的沟通策略是向员工耐心解释投资选项和内容。

一家制药公司对自己的长期激励方案做了调整，以确保新的方案对于具备资格的领导和管理者更加有利。艾莉森的团队通过抽样调查得知许多人对一些选项不满意。他们私下对我们说，应该让他们了解这些金融工具。

所以，当我们告知员工变化时，一定要普及基础知识。以下是我们所写的激励计划的一个方面：

关于股份选项

股票是什么	按一定价格在特定时间段购买一定数量的公司股份。
为什么股票有价值	如果股票的市场价值高于转让价，那么你兑现的话就会盈利。 （但是，如果市场价格低于或等于转让价，期权就没有价值，就不会兑现。）
股票兑现	股票期权在转让 3 年之后的每年都可以比转让价高出 1/3 的价格行权。一旦期权兑现，在 10 年之内的任何时间都可以进行交易。
例子	一位员工以每股 40 美元的价格得到 100 股转让股期权。3 年后，所有期权都可以兑现，这时公司股价涨到 44 美元。这位员工决定行使期权，也就是说他投资的 100 股股份每股盈利 4 美元，或者总盈利达 400 美元。

如何变得聪明且富有

正如我们在第 5 章所说的，最令人激动的就是那些能够帮助你解决问题、改善生活的信息。这就是食谱、HGTV（美国家居生活频道），甚至是“如何做”这个词如此受欢迎的原因。

既然那么多人想要搞清楚复杂的金融问题，我们特别推崇“怎样做”这类信息来帮助我们为投资和退休计划做出决策。

作为金融服务公司的管理者，简按要求给员工提供了一份年度储蓄激励计划年度报告。她不失时机地把报告变成了含有“营销”内容的小册子，下面是主要内容：

- 储蓄和投资的 8 个原因。
- 做出良好的投资决策的 7 个步骤。
- 计划、交易和基金概况。
- 你的投资成效。
- 投资基金组合（展示如何投资每一笔基金）。

了解到很多员工喜欢浏览纸质材料或在网上交流，简确保每个标题、副标题读起来很有分量。大小标题串起来就在讲故事，如果读者眼睛扫到的是册子的前两节，他会看到以下内容：

储蓄和投资的 8 个原因

- 双倍奖励。
- 每次投资都降低税单。
- 先投资获利，后缴税。
- 小额定投不间断。
- 选择你心仪的投资项目。
- 不只是为了退休。
- 永远不会为时过晚。
- 你的投资不受时空限制。

我们认为上述内容会吸引读者去学一些东西。

下面是为自己投资的简短建议：

- 知晓风险。
- 了解你的投资回报期。
- 了解自己。
- 研究你的经济状况。
- 评估计划基金。
- 投资多样化。
- 阶段性重估你的计划。

你无法给出建议时应该怎么做

为了给员工提供信息让他们做出正确的投资决策，我们应该使用诸如“专家赞同……”或者“大多数财务顾问会建议……”这样的语句。我们也引用事实、数据以及历史表现来帮助员工更好地做决定。

每当你谈及股票、储蓄计划时，你都要重复那些不错的财务投资建议，因为这对你的一些听众来说就是十分及时的信息。他们可能刚来公司或者是第一次参与这个计划，所以你需要重复这些信息以帮助他们更好地做决定。

以下就是我们在公司的 401（k）总结计划中描述的如何做好投资决策的内容：

你会考虑你的个人财务目标，不断回顾基金业绩，了解不同的基金，然后决定你的投资项目。毕竟公司里没有人会教你如何投资。

多数投资者都希望不断增加储蓄价值。多数财务顾问也会向投资者解释多样化投资的价值，建议他们选择投资几种不同的基金。

你可以从多种基金中做出选择，其中有稳健型基金、互助型基金以及特殊基金。特殊基金是一种资产分配互助基金，这种基金会根据你退休时要求的回报时间自动转换成不同类型的投资。

之后的内容里展现了9种可选基金，从低风险/低回报基金到高风险/高回报基金。标题如下：

基金名称：
目标：
投资：
投资对象：

以下是稳健型基金的文本：

目标：保留主要投资，同时赚取利息收入。这种基金尽量维持每份一美元的稳定收益。

投资：主要保险公司和金融机构提供的投资合同，以及某些按规定利率支付利息的固定收益证券。

投资对象：那些想要比投资货币市场基金获利稍高的人，或者想通过稳定的投资方式来平衡其他更具风险项目的人。

这个文本用简单的语言概括了稳健型基金投资什么以及投资对象。这样读者能对投资哪种基金有比较全面的认识，甚至可以知道如何用一种基金来平衡高风险/高回报基金。

"告诉我你是如何变得如此富有的"

真人真事往往是说服员工利用储蓄和股票计划的最令人信服、最有效的方式。

我们在本书中多次提及这个建议，而在现实生活中采纳这个建议的人也取得了巨大成功。

对于一个有关退休储蓄的手册，简选取了包括男性和女性在内的21位员工的照片和话语，他们有不同的工作和职位，处于不同的年龄段，来自美国的各个公司。即使你只读了图片标题，你也会对计划的特点和收益有较全面的了解，并有加入计划的冲动。

以下就是一些激励员工参与储蓄计划的真人真事：

这个计划有两点特别吸引我：一是递延税款；二是投资基金有很多选择。我打算用买房子的钱进行投资。

——韦恩（Wayne），纽约

吸引我的是公司的同步投入和我的基本奖金完全匹配，这鼓励我好好利用这一投资机会为未来储蓄。

——伊莱（Eli），圣安东尼奥

这项计划提供了一个有趣的退休方式，这在我的家乡——日本是没有的。这项计划使得储蓄毫不费力，同时还能减少税费。

——由美（Mayumi），纽约

你开始储蓄和投资的那一刻就赚到了，因为公司对你的同步投入和你的基本奖金持平。（在拉斯维加斯，我们喜欢速战速赢！）这个计划展示了××公司给予员工的实际支持，这就是为你的未来所做的投资。

——卡洛斯（Carlos），拉斯维加斯

我鼓励我的所有员工积极参与，这是一项帮助员工为退休储蓄的极好的福利，而为退休做打算永远不会为时过早。

——格里（Geri），旧金山

我从每个月的薪水中拿出一部分用来投资，虽然我暂时看不到这部分钱，但最终的受益人还是我。这是个省钱的好方法，我正在为房子的首付存钱。

——约瑟夫（Joseph），纽约

现在要把钱存起来太难了，不过这个计划让它变得容易多了，它能满足我的不时之需。我非常喜欢的一点是每个月都可以更改投资项目。

——谢利（Shelley），苏福尔斯

更多的故事

我们将整个股票购买计划展示在一本刊物的封面上，该刊物讲述不同群体的雇员对股票投资的理解。其中八个人的言论如下：

- “我对购买股票感到很困惑。”
- “我刚刚填完自己的报税单，我是个比较糊涂的人，但这个方案在我看来还是相当简单的。”
- “我同意。在两年之内的任何时刻都可以按固定不变的价格买入股票是一件很容易理解的事情。”
- “我觉得这个方案很划算，因为在你省钱购买股票的同时，还可以用你的资金盈利。”
- “我是天秤座的，讨厌做决定。这个方案提供了两种股票，我究竟该买哪一种呢？”
- “你可以根据账面价值或者市场价值决定股票投资，可以二者都考虑，也可以都不考虑。这个方案最好的一点就是，在两年内，我们可以随时改变自己的想法。”
- “话怎么说都行，但是在我决定投资股票之前，我需要事实。我如何才能获取更多信息呢？”

● “这实在是太简单了。翻翻手册你就能明白，真的只需要翻翻手册就可以!”

我们在手册中会继续使用这些真实例证。我们展示了来自同一公司的两个员工选择了不同的投资方案，两年之后，他们对自己的投资收益都很满意。

当你宣布一项新计划时，写下自己的故事

万一你没有员工的故事可以讲怎么办？当你介绍一个新的东西时，你不能只是引用别人的例子。这就是在提出一个新的股票购买计划时，我们会讲自己的故事的原因。

研究表明，公司大多数员工都不敢投资股票——即使是自己公司的股票。工资较低的人都不敢称自己为“股东”，他们认为只有有钱人才有资格这么叫。

于是我们虚构了一个惧怕很多东西的人，演示者爱德华赋予了他生命，在第一版的讲述中，他说：“我曾经患有恐惧症。”“害怕面对高个子女孩、毛茸茸的玩具，还有盆栽植物。但我最害怕的是股票市场，那些数据搞得我晕头转向。”

在后面的插图中，他向别人求助，包括他的母亲、有钱的舅舅乔治，还有他的夜校老师。“我甚至向根本不喜欢我的姐夫穆雷求助，但是没人能够帮助我。”他又补充道，“我感到孤独和愚蠢。”

在接下来的一张插图中，他坐在一张很大的椅子上读公司的那本手册。“这本手册告诉我如何购买公司的股票，确实很简单。”他说，“我可以在存钱的同时观察股市行情，如果股票价格涨了，我就买进，如果跌了，我就暂停购买。好处就是如果我不买没人会生我的气，最

后我可以把存款取回，还能获得利息。”

后面他还说道：“我现在是个快乐的人！”他参加华尔街的盛大游行时说：“因为买股票很简单，多亏了我们公司的股票购买计划。当然，买股票还是存在风险的，不过这就是股市的运行方式，我再也不害怕股市了。”

在最后，他说他将会走出阴霾，他会用狗链牵着毛茸茸的小狗，带个盆栽植物，和一个高个子女人相遇。

插图的美与艺术

用插图的方法来描述储蓄和股份计划的好处就在于，既可以用讲故事的方法来概括计划及其特征，还可以通过标题文字起到提纲挈领的作用。即使读者只看看插图，读读标题，你也传递了计划的基本含义，以及它是如何运行的。

我们经常使用这个技巧，它确实很有用。员工表示，他们很喜欢通过看插图、读标题就明白整个计划。

个性化地表达观点

很多退休基金管理者提供的个性化的书面描述和在线报告对于员工了解怎样投资很有意义。但是有时候你需要的不仅仅是简单的报告。一家金融服务公司的人力资源总监担心低收入员工不会将自己的年终奖金用于投资，他们会提走现金。

所以我们为收入不足 40 000 美元、每年都将奖金兑现的员工写了一份个性化的报告，这份报告说明了员工的“得”与“失”。比如，如果将税后 556 美元的奖金用于投资可以增加到 1 448 美元。

这份 4 页的报告的标题如下：

- 不要错过！
- 等待一时，收获良多
- 合理避税
- 从容驾驭时间
- 掌握自己的未来

在“从容驾驭时间”这一部分，一个柱状图显示员工存款（如员工年收入为 34 500 元）的预期价值会在两年内增至 4 681 美元，5 年增至 13 756 美元，到 65 岁时是 232 469 美元。这就解释了如果薪水每年的涨幅是 3%，那么投资的平均增幅是 8%。

这一部分是这样开头的：“如果你觉得负担不起投资，再好好想想吧！”结尾处提到：“不要错过，截止日期就快到了……”它还详细地告诉员工如何在 10 月截止日期前加入进来，这样他们就可以在 1 月将奖金用于投资。所以我们会用些“恰到好处”的沟通方式。结果怎样呢？50%的员工这么做了，他们同意存钱并将奖金用于投资。

当我们沾沾自喜地告诉人力资源总监有 50%的员工愿意加入时，他说：“还有 50%的人没有加入！”于是我们建议他与员工通过直邮分销机构进行交流，然后告诉我们他这样做的结果。于是他这么做了，然后给我们带来了一瓶香槟，表示感谢。

检查清单

为了确保你的员工能够明智地投资，并利用好公司提供的每个机会，需要做以下事项：

- 利用每一个机会——甚至是法律要求的交流——来鼓励员工为退休后的生活未雨绸缪。
- 令储蓄和股份计划通俗易懂——通过真人真事或者插图、标题总结投资计划。
- 分享人们如何存钱花钱的真实故事。这些都是有力的刺激因素。
- 定期给管理者提供事实数据，便于他们在员工会议上向员工传达，以使更多的员工参与进来。
- 使用人性化的陈述方式让员工明白计划的当前价值和未来价值。

第 17 章

离职

阅读本章，你将学到：

- 管理好员工的辞职问题，控制好员工的离开带给你的遗憾情绪。
- 解雇员工时尽可能做到态度友好，尊重对方。
- 在裁员时要多沟通。
- 确保在职员工信息畅通，受到重用。

“你说再见，我说你好”

现在我们到了结束部分，也是你与员工终止工作关系的部分。我们在最后一章来谈谈怎样就辞职、解雇、裁员进行沟通。

一直以来，我们对离职的关注点都是沟通，而不是法律、财务和后勤层面。（很多书都讲过这个问题，如人力资源管理协会（Society of Human Resources）推荐的温迪·布利斯（Wendy Bliss）和吉恩·桑顿（Gene Thornton）的《解雇》（*Employee Termination Source*

Book）一书。）

要记住一点：虽然即将离开的员工是焦点，但是也应该花同样的时间与精力去关心那些留下来的人。毕竟，你希望那些人明天工作时头脑清醒、态度积极。你不会希望由于处理其他同事的离职问题而让他们的情绪受到影响。

在这一章，我们会提供一些沟通技巧来帮助你处理员工离职的相关问题：辞职信、解雇原因和裁员（也称作缩编）。

"好消息：我正在办理离职"

失去一位有价值的员工令人沮丧，即使这位员工并非杰出人才，公司也不想看到他的辞职信：他的工作如何能在短期内完成？你可以找谁来接替他的工作？他的离开对同事有何影响？

结果就是，大家通常对辞职的员工"抛弃我们"感到很生气。而员工的上司、人力资源总监、领导和同事都会突然表现得很冷漠、疏远，这种现象很常见。

这种表现不仅幼稚，而且目光短浅。即使员工要离开（不管他有怎样的理由），大家的关系不会断，尤其是在如今的互联网社会——这个世界正变得越来越小。辞职事实上也是一种机会——让前任员工对前任老板持有正面的态度。如果员工辞职工作做得好，辞职员工有可能起到以下作用：

- 对前公司的产品和服务做出积极的评价。
- 推荐潜在职员来公司工作。
- 成为客户。
- 未来有可能带着新学的技术重返公司。

那么如何积极地处理辞职信呢？鉴于事发突然，我们建议你提前做好准备，创建一份成功辞职指南。在员工辞职前把指南（作为管理者工具箱中的工具）交给管理者，或在员工递交辞职信后立即交给管理者。很显然这个指南要与人力资源政策相一致。

下面是管理者指南的样本：

阶段	**步骤**
收到消息	和员工进行一对一谈话： ● 了解员工离职原因。 ● 确定你是否可以留住该员工（比如说商谈一些条件）。 ● 和员工讨论辞职通知期限，是否有可能延长该期限（如果团队需要的话）。 ● 就辞职员工如何与同事交流达成一致（该员工可能有些事情想要私下里告诉关系好的同事）。 向人力资源总监咨询其他问题（通知期限、商谈，等等）。 如果合适的话，与员工举行会谈。
处理好过渡期	尽快和团队的其他员工沟通即将到来的离职问题： ● 最好能面对面交流，比如在员工会议中，不过如果有必要的话可以发邮件。 ● 对员工辞职表示遗憾，对其贡献予以感谢和肯定。 ● 清楚地说出过渡期的计划。 和离职人员一起与其他利益相关者（顾客、零售商、供应商等）沟通辞职事项。 安排离职员工与同事移交工作。
道别	安排一个符合公司政策与文化的欢送会，可以是比萨午餐或者下午茶，或是在当地酒吧度过快乐时光。 与员工握握手，感谢他一直以来对公司的贡献。 祝他好运。

我们很遗憾地通知你……

有时候有些员工的表现不尽如人意。也许是公司或者部门并不适合他，也许是员工的技能不适合这份工作，也许是员工的态度或方法造成了一些问题。不论什么原因，该员工的管理者在人力资源总监的支持下有权认为该员工不能胜任工作，并决定解雇他。

即使解雇对公司来说是最好的选择（对员工来说也可能是最好的选择），做这个决定也是困难和痛苦的。当然，处理好解雇问题很重要，并不只是因为一些法律要求（毫无疑问，你肯定已经咨询过律师），也因为：

- 这是该处理好的事情。
- 处理好辞职事件会向其他员工传递这样一种信息：即使事情进展不尽如人意，公司也会尊重员工并维护员工的尊严。

➡ 沟通原则

我们的客户，某全球卫生保健公司的人力资源总监，在接下来的一个月内将面临一系列改革，因为公司执行董事推出了一项新的经营战略，要求职能部门大刀阔斧改革，人力资源总监预测很多员工不能适应这些改变而会对其置若罔闻。因此，人力资源总监希望跟我们一起研究沟通原则来指导人力资源部门处理这些问题。以下指导原则是团队研究的成果：

- 信息简单，语言清晰，语气友好轻松。
- 重点关注对员工来讲哪些事情会发生变化。
- 对受影响大的员工要表示尊重。

- 要直接坦率。
- 解释为何要变革。
- 及时传递信息。
- 提供对话机会。

平静的交流

解释解雇的原因时要尽可能平静、镇定。

● 当你准备好和员工对话时（带上所有文件以及辞退补偿金），最好安排在会议室之类的场所。有些公司会要求人力资源总监和该员工的经理都在场。在任何情况下，都要冷静地解释员工被解雇的原因。不需要做细致的解释，只需要概述解除用工关系的原因。员工可能会想表达愤怒或者沮丧。你的工作就是耐心听完员工的倾诉。员工的情绪可能会失控，你要尽可能积极地面对，语气语调要平静和缓，并祝他一切顺利。

● 在对话时要知道下一步该怎么走，你公司的政策可能是要求员工立即离开，或者你会给员工一到两天的时间收拾东西。让他知道公司如何就他的离去向同事和其他人做出解释。

● 员工离开后，或他准备离开时，你要与小组其他成员或他的继任者交谈。在艾莉森的公司，我们喜欢召开面对面的会议，这样员工可以直接从老板那里得到解雇消息。而在其他公司，尤其是对于远程工作人员来说，发电子邮件是个快速的方式。不管采用哪种方式，你都要简明扼要，不能讲太多细节。你应该让员工清楚被解雇是因为他没有努力工作，而不是公司为了减少损失。让员工知道你的公司会因为员工表现不好而予以解雇是件好事：这意味着你对员工的期待很高，如果员工不能为公司做出有益贡献就只能离开。

“让我们把注意力放在下一步”

我们发现管理者或员工在讨论人员解雇时最好的做法是管理者迅速把话题转到下一步要做的工作，而不是讨论谁对谁错。

谈话可以是这样的：

汤姆，很抱歉，你的工作对你自己和公司来说都不尽如人意，所以我们决定解雇你。你在××方面一直干得很吃力。

这次会议的关键是接下来我们能做什么。你的薪水会从××日开始算，并且你会收到××周的辞退金，它可以一次性结清或是在正常发薪日给你。如果你选择一次性结清，你的保险会立即停止，所以你可以选择正常领薪的方式。你符合失业咨询条件，就是说你可以在找下个工作时得到帮助……

这个策略有助于把焦点放在下一步要做的工作上，而不是争论责任在谁，这种没有结果的争论只会让当事人心情郁闷。

最糟糕的一天：裁员

在很多公司，裁员已经是一种常态，这是个让人悲伤的事实。根据埃森哲咨询公司（Accenture）的数据，2009 年 65％的美国公司减少了全职员工，63％的全球公司也这么做了。

但是，裁员很正常并不意味着做起来很简单，实际上我们发现裁员愈来愈困难，毕竟这对员工的士气有很大的负面影响。

我们不打算争论通过裁员来降低成本是对是错（虽然某学派认为裁员对生产力的破坏要大于成本节约所带来的经济收入）。我们要做的是告诉你关于裁员的沟通方法。

➡ 一次成功的裁员

几年前，艾莉森负责监管一家大公司防务部门下属的三家制造厂的焦点小组。公司在18个月前想把防务部门卖掉，艾莉森的客户（另一家防务公司）当时说正好需要这样一个部门。于是艾莉森将焦点小组作为调查对象，通过此途径来寻找收购时期的过渡沟通方案。

她首先对一组负责航空母舰电路的小时工进行访谈，她的第一个问题就是："我想让你们告诉我什么样的沟通最有效，为什么？"

参与者都不说话。人们有时会害羞，这很常见。但艾莉森问这个问题时人们通常的反应不是这样的。这个问题很直接，也不包含情感因素。

于是她又问了一次。"我只想寻找一些你们认为是有效沟通的例子。或许是与你们工厂管理层的一次会议？或许是你获得工厂信息的方式？"

坐在会议室角落里名叫辛迪的女人举起了手。"你说，辛迪？"艾莉森说道。

"这可能听起来很奇怪，"辛迪说，"但我经历过的最好的沟通是去年我被裁员的时候。"其他员工则点头表示认同。

"裁员？"艾莉森说道，她尽量表现得平静。她听说公司已经把这个部门的工人减少了20％以节约开支。但她没想到工人们并没有消极对待那次裁员。"是什么让那次交谈如此有效呢？"焦点小组的工人们迫不及待地想告诉她：

● 关于裁员名单管理部门早已做出了决定，所以到正式公布的时候，所有员工都已经知道自己是什么结果。

● 被裁员工会和其经理与人力资源经理一起开会，正式离职前公司会给予他们 60 天的延缓时间。（插一句，这是在联邦法律强制规定延期通知之前就有的。）他们还会被邀请继续工作直到顺利度过过渡期，但是他们下午可以休息，这样他们就有时间消化信息。

● 留下的员工接下来会从主管那里得到这个消息，他们也会有一下午的休息时间。

● 第二天早上，工厂经理召开会议，对裁员的原因做出解释，并且感谢所有员工对公司做出的贡献。

● 感谢主题在接下来的 60 天内一直在持续，有些被解雇的员工离开得早，有些一直坚持到最后。不过每周五早晨，工厂经理都会为所有员工带早餐以感谢他们的辛勤工作和对公司的贡献。

"我并不是说这件事不让人难过，"辛迪继续说道，"但是我很感谢他们能这样做，员工都能理解裁员这件事。我们觉得自己像个成年人一样受到尊重，被礼貌对待。管理层向我们表示了感谢，他们这样做了——这本身就非常有意义。"

经验告诉我们

经历过这么多的解聘交流与沟通，我们总结出了一些真实有效的办法。下面是我们认为关键的几条：

● 对个人冲击较大的决定要采用面对面的沟通方式。

● 用实实在在的有力的数据或图表给予主要领导支持，包括服务和职能部门的领导。

- 帮助人力资源部门和管理者做好沟通准备。
- 使用纸质的和在线的工具传递具体信息，巩固变革成果。
- 不断地测试结果，及时调整你的计划。

你需要一个计划

首先，你需要一个计划。有效的裁员需要争分夺秒，因为你有很多事情要做。你得确保已经计划好要做的所有事情。下面会展示我们以前为一家正在并购的公司制定的计划初稿。一旦并购完成，公司就会大规模裁员，关掉一个主要的工厂。我们基于以下时间表来探讨相关问题的处理，计划要尽可能周详细致。

第一天之前

选择能通知到的执行者/员工，并且立即公布。

第一天

时间	事件	相关人员	讨论的问题
8：30	管理者到位并于上午 9 点参加管理者早会 员工到位并于上午 10 点参加市政厅会议	所有员工	管理者通常几点到公司
上午	市政厅会议结束后立即通知被裁员工		
9：00	管理者早会就员工在市政厅会议上可能获取的信息提醒管理者	管理者	第一天谁负责接听电话
10：00	全体市政厅会议将会公布： ● 所有权性质的改变 ● 工厂即将关闭 ● 员工会受到什么影响（重点问题） ● 过渡程序	所有员工	

10：15	职能部门会议： ● 管理者主持 ● 宣布职能部门的过渡计划 ● 回答问题 ● 下发通知，告诉员工开会的时间和地点	职能部门员工	确保管理者准备好回答棘手问题，并考虑被裁人员的生活保障问题 人力资源部门在这些会议中扮演什么角色？ 远程员工如何参加？如何通知他们？
11：30～17：30	为员工召开通知会议，告知员工截止日期	相关员工	个人和小组会议
第二天			
时间	**事件**	**相关人员**	**讨论的问题**
8：30～17：30	通知会议继续	相关员工	
第三天			
时间	**事件**	**相关人员**	**讨论的问题**
早上	职能部门经理召开小组会议，商讨团队下一步的工作	职能部门员工	
8：30～17：30	通知会议继续	相关员工	目标是第三天下午结束通知会议
第四天			
时间	**事件**	**相关人员**	**讨论的问题**
8：30～17：30	人力资源管理中心给过渡时期员工提供支持		

在裁员期间支持领导

是谁决定裁员？几乎每次裁员都是由公司领导做决定，他们是有权决定谁走谁留的人。但是领导决定裁员计划并不意味着他准备好与员工沟通相关事宜。我们建议召开一个简要情况介绍会以做好下列事情：

- 帮助领导明白他在沟通中扮演的角色，并帮助他们做好准备，履行自己的职责。
- 确保他们在一些关键信息上达成一致。
- 给领导一个传达信息的机会。
- 讨论可能发生的情形。
- 让他们发泄裁员所带来的负面情绪。（毕竟，领导也觉得不好受，他们要将自己的情绪发泄出来，然后才能集中精力满足员工的需求。）

➡ 当重组涉及裁员

一家消费品生产公司要重组一个大约有10 000名员工的部门，以使公司更有效率地运作。公司计划裁员数百人，为了帮助领导做好与员工沟通的准备，我们为150名高层管理人员召开一个为期半天的简短会议。这次会议旨在让高层管理者明白和讨论此次变化的重大影响，并提高他们的沟通技巧。会议包含以下内容：

- 部门总监做演示，解释为何要重组以及如何重组。
- 为高层管理者设计小型的问答环节，以帮助他们较为顺畅地回答员工可能问到的问题。
- 经验交流短会，讨论人们怎样经历改变，体验员工可能会产生的情绪。
- 给大家机会交流重组话题，帮助领导为之后几天的团队会议做好准备。

结果：管理层指出这个会议对他们来说是有意义的，他们的反馈说明他们已经准备好和自己的团队讨论这次变化，并试图理解公司战略。

管理者最需要帮助

尽管公司领导者要为部署全局负责，但管理者常常是直接面对裁员的人。即使管理者不用直接公布裁员这个坏消息，他们也要处理被辞员工的善后问题，安抚留下的员工的情绪。

我们认为在裁员前培训管理者极有必要。事实上，我们发现在管理者身上花费的时间越多，他们工作起来就越顺手，并且能更从容地帮助员工应过此事件。

常见问题准备

在第 8 章“使会议高效并支持管理者”中，我们提到把常见问题用作帮助管理者沟通的最有价值的工具的重要性。当涉及裁员时，我们发现一些常见问题必须得到解答，尤其是对管理者以及人力资源部门和领导而言。把常见问题总结成文件可以帮助你处理包括裁员在内的所有问题，并帮助你决定如何解决这些问题。

总结出一个有效的常见问题文档的关键在于，用头脑风暴的方法收集管理者或员工可能问到的所有尖锐或棘手问题，并能直接给出答案。这样一些常见问题还可以用于领导者和管理者的沟通例会，但我们并不建议他们直接与员工分享这些内容。常见问题还能帮助管理者做好准备和员工进行沟通（如果知道能够回答每一个可能被问到的问题，他们工作起来会非常自信）。但是常见问题会使被裁员工感到很有压力。如果你想要给员工提供一些信息，就要另外拟定一份提供被裁员工关注的裁员条款的概括性文件。这个方法和我们所倡导的政策或者福利的沟通相一致：为员工提供易读易懂的书面报告，这样他们可以拿来与家人共享，帮助他们做出好的决定。

➡ 各类问题和答案

我们在协助一家公司裁员时制作了一份常见问题解答手册，这个小册子包含上百种可能出现的情形和问题。这里列出其中一部分问题作为范例：

- 我为什么被解雇？
- 确定哪些人应该被解雇的程序是什么？
- 确定解雇人员时工作能力方面的标准是什么？
- 有多少员工受到影响？
- 我何时离开我的岗位？
- 我要一直工作到最后一天吗？
- 我是否应该工作到我离职那一天？
- 我是否可以立刻离开公司？或者在规定的离开时间之前离开就可以？
- 我离开公司之前的工作是什么？
- 我离开公司之前这段时间的上司是谁？
- 我能否向公司在其他地点的分公司申请一份工作？
- 我可以享有再就业服务吗？如果可以，是现在还是在我正式离开以后呢？
- 谁是再就业服务的提供者？
- 再就业服务具体包含哪些项目？培训是否包含在其中？
- 公司会给我一封推荐信吗？
- 如果我在其他公司得到一份新的工作，我是否可以推荐我的前同事到我的新公司去工作？
- 我该何时填写失业声明？
- 何时可以享有失业补贴？

● 我会收到辞退补偿吗？具体是多少？

● 在收到辞退补偿的同时，我是否可以申请并享受失业补贴？

● 我的失业补贴具体包含哪些？

● 在我还未离开时，我本该缴纳的员工保险是否还会从我的薪水里扣除？

● 没有付完的那部分健康保险（医疗、牙科、视力保险）怎么办？

● 如果在离职之前，我还没有办理医疗、牙科、视力等方面的保险，是否可以在我离职后注册？如果我提前离开的话，这个政策是否还适用？

● 什么是 COBRA？我有资格吗？

● 在我签过辞退补偿协议后我会得到什么样的 COBRA 支持？

给管理者练习的机会

为即将到来的裁员做好准备的最有效的方法就是为管理者提供一个训练课，这样他们可以对将要做的事情进行演练。这个练习的关键在于处理裁员期间可能会遇到的潜在问题。

以下是我们为一家并购公司裁员设计的一些场景。员工先是得到通知，然后可以在过渡期继续工作 30～60 天。我们设计了管理者在此期间可能遇到的一些情形，给他们提出了可能的解决方案。如果他们遭遇瓶颈，培训领导就会帮助他们找到处理这些难题的策略：

● 一个经常发脾气的员工会破坏工作环境。这种人会因为失业而向每个人抱怨，还会表达对失业的恐惧。

● 团队成员看起来不知道该做什么。有些人会把时间花在不重要的事情上，而重要的任务没有完成。

● 在小组会议上没人愿意讲话。每个人都板着脸，不愿参与讨论。

● 每次你让团队的某个成员去完成一项任务，他都保证他会去做。但是你会发现他根本没有按照你的要求做，也没有完成任务。

● 你们团队的前任经理问你一系列难题，你不知道回应的最佳方式。你担心他的一些问题的答案听起来很伤人，不会被轻易接受。再者，有些问题你不知道怎样回答，但你并不希望他认为你不在决策圈内。

检查清单

在员工离开公司时，需要做以下事项：

● 为被裁员工和留下的员工制定沟通计划。

● 亲自传递坏消息。把注意力集中在下一个阶段的任务上，关注过渡时期员工需要的帮助。

● 鼓励管理者和主管人员感谢被裁员工一直以来对公司的贡献，给他们以尊重和尊严。

● 通过培训、实践练习、指导让管理者做好准备，高效处理过渡期问题，并给他们提供常见问题处理文件。

● 把沟通计划设计成图表以展示某人需要学习什么，怎么学，何时学。

● 记住结束总是昭示着一个新的开始。（我们希望本书最后提出的一点建议是让人愉悦的，感谢你的阅读。我们希望从招聘到解聘，你的人力资源沟通一直都顺利，祝你好运。）

图书在版编目（CIP）数据

HR沟通必修课/（美）艾莉森·戴维斯，（美）简·香依著；舍莉蓉，孟丽译．--北京：中国人民大学出版社，2021.7

ISBN 978-7-300-28847-5

Ⅰ.①H… Ⅱ.①艾… ②简… ③舍… ④孟… Ⅲ.①人力资源管理 Ⅳ.①F243

中国版本图书馆CIP数据核字（2020）第268300号

HR沟通必修课

［美］艾莉森·戴维斯 简·香依 著

舍莉蓉 孟 丽 译

HR Goutong Bixiuke

出版发行	中国人民大学出版社		
社　　址	北京中关村大街31号	**邮政编码**	100080
电　　话	010－62511242（总编室）		010－62511770（质管部）
	010－82501766（邮购部）		010－62514148（门市部）
	010－62515195（发行公司）		010－62515275（盗版举报）
网　　址	http://www.crup.com.cn		
经　　销	新华书店		
印　　刷	北京联兴盛业印刷股份有限公司		
规　　格	148mm×210mm　32开本	**版　　次**	2021年7月第1版
印　　张	8 插页2	**印　　次**	2021年7月第1次印刷
字　　数	334 000	**定　　价**	52.00元